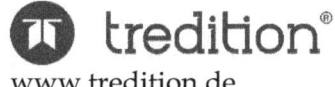
www.tredition.de

Roland Lampe

„Da lag er vor uns, der buchtenreiche See …"

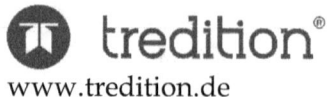
www.tredition.de

© 2017 Roland Lampe

Verlag und Druck: tredition GmbH, Hamburg

ISBN
Paperback: 978-3-7439-5030-6
Hardcover: 978-3-7439-5031-3
e-Book: 978-3-7439-5032-0

Das Werk, einschließlich seiner Teile, ist urheberrechtlich geschützt. Jede Verwertung ist ohne Zustimmung des Verlages und des Autors unzulässig. Dies gilt insbesondere für die elektronische oder sonstige Vervielfältigung, Übersetzung, Verbreitung und öffentliche Zugänglichmachung.

Umschlagfotos: R. Lampe

Inhalt

Vorbemerkung 6

Auf den Spuren 8

Quellen und weiterführende Literatur 108

Nachbemerkung 110

Verzeichnis der Autoren 112

Vorbemerkung

„Da lag er vor uns, der buchtenreiche See", schrieb Theodor Fontane, nachdem er 1873 zum ersten Mal am Stechlinsee gewesen war. Anschließend fuhr er nach Gransee und besichtigte die „kleine märkische Stadt".
Erschienen sind die Aufsätze über diese beiden Orte 1875 in der „Grafschaft Ruppin", dem ersten Teil seiner „Wanderungen durch die Mark Brandenburg".
Mehrere Male besuchte er auch die Schlösser Hoppenrade und Liebenberg im Löwenberger Land, um Material für sein Buch „Fünf Schlösser" (1889) zu sammeln.
Fontane, der märkische Wanderer, ist nicht der einzige Autor (wenn auch der bekannteste), der in Oberhavel seine Spuren hinterlassen hat.
Viele Schriftsteller lebten oder leben hier, wurden hier geboren, starben hier oder machten für kurze Zeit Station.
Bekannte Namen wie Achim von Arnim in Zernikow, Richard Dehmel in Kremmen, René Schickele in Fürstenberg, Lola Landau und Armin T. Wegner in Neuglobsow und Eva und Erwin Strittmatter, die viele Jahre in Schulzenhof bei Dollgow arbeiteten und lebten, sind darunter, aber auch Namen, die heute kaum noch jemand kennt.
Gegenwartsschriftsteller mit Oberhavel-Bezug sind Sten Nadolny, Moritz von Uslar und Norbert Marohn.
Auf Grund der Vielzahl der Autoren habe ich mich entschlossen, das Gebiet zu teilen: Dieser Teil umfasst das nördliche Oberhavel mit Fürstenberg, dem Amt und der Stadt Gransee, Zehdenick, Kremmen und dem Löwenberger Land, ein zweiter Teil („„Dennoch, das Haus bezauberte mich ..."") das südliche, heutzutage auch „Speckgürtel" von Berlin genannt.

Ein drittes Buch („"… kehrte ich bei Hempel ein"") erscheint zeitgleich und stellt, in zweiter Auflage, die Autoren der Kreisstadt Oranienburg vor.

Auf den Spuren

Spätsommer 1801, Gut Zernikow im Norden Brandenburgs: Ein junger Mann, zwanzig Jahre alt, soeben zurückgekehrt vom Studium in Göttingen, schreibt seinen ersten Roman, einen „Roman mit Tendenz". „Hollins Liebeleben", so soll er heißen. Er muss sich beeilen, eine Bildungsreise, für Söhne aus gutem Hause damals üblich, steht kurz bevor.
Der junge Mann ist Carl Joachim Friedrich Ludwig von Arnim oder, wie er sich später nennen wird, **Achim von Arnim**. Geboren wurde er am 26. Januar 1781 in Berlin. Seine Mutter starb an der Folgen der Geburt. Hier in Zernikow wuchs er auf bei seiner Großmutter Caroline von Labes, gemeinsam mit seinem zwei Jahre älteren Bruder Karl Otto, genannt „Pitt" (der Spitzname von Achim lautete „Louis"). Der Vater, Joachim Erdmann von Arnim, hatte gegen die Zahlung von 1000 Talern auf das Erziehungsrecht verzichtet, nicht willens oder nicht in der Lage, sich um die Kinder zu kümmern.

1740 schenkte der noch junge Friedrich II. seinem Kammerdiener und Günstling Michael Gabriel Fredersdorff Gut Zernikow. 1753 heiratete Fredersdorff die 22 Jahre jüngere Caroline Marianne Elisabeth Daum (1730-1810), Bankierstochter und Achim von Arnims Großmutter. Diese wiederum heiratete 1760, nachdem Fredersdorff 1758 gestorben war, Johann Freiherrn von Labes (1731-1776). Ihre Kinder waren Amalie Caroline von Labes (1761-1781) und Hans von Labes (1763-1831), Achim von Arnims Onkel. Amalie Caroline von Labes ging 1777 mit dem aus altem märkischen Adel stammenden Joachim Erdmann Freiherr von Arnim (1741-1804) den Bund der Ehe ein. Ihre gemeinsamen Kinder: Carl Otto von Arnim (1779-1861) und Ludwig Achim von Arnim.

In Zernikow verbrachte man allerdings nur den Sommer, im Winter wohnte Caroline von Labes mit ihren beiden Enkeln „Am Quarrée 4", dem späteren Pariser Platz, in Berlin. Sie war eine eigenwillige, zähe und praktisch veranlagte Natur, mit der Verwaltung ihrer Güter – 1780 kam die Herrschaft Bärwalde mit Schloss Wiepersdorf südlich von Jüterbog hinzu – vollauf beschäftigt. Für die geistigen Interessen der beiden Brüder, vor allem für die des sensiblen, lerneifrigen Achim, fehlten ihr Zeit und Verständnis.

In Zernikow (und in Berlin) herrschten Strenge und Sparsamkeit, von ausgelassenem Spielen und Toben konnte keine Rede sein, im Gegenteil, die Kinder wuchsen unter der Zucht diverser Hofmeister auf, und „ewige Qual, Streit und Unruhe" waren für sie „kaum eine Stunde erträglich".

Zudem werden sie ihre Eltern vermisst haben. Am 29. Dezember 1789 beklagte sich „Louis", da war er acht Jahre alt, bei seinem Vater, der als Privatmann auf seinem Gut in Friedenfelde in der Uckermark lebte: „Fast mit jeder umgehenden Post habe ich auf ein gütiges Antworts Schreiben gehofft indem ich schon im August von Zernikow aus an Sie geschrieben habe. Ich kann mir Ihr langes Stillschweigen auf keiner andere Art erklären als daß entweder mein Brief verloren gegangen ist, oder Sie vieler Geschäfte wegen nicht haben antworten können."

Und nach dem Tod des Vaters 1804 wird er sagen: „Ich habe meinen Vater wenig gekannt, aber darum schmerzte es mich tiefer. Mir ist nichts von ihm geblieben als vielleicht etwas Vermögen, ich weiß nicht wie viel."

Kein Wunder, dass Arnim seine Kindheit im Nachhinein als unglücklich empfand. In einem Brief an J. W. Goethe, dem er im Juni 1801 als Student in Göttingen zum ersten Mal begegnet war, sprach er im Februar 1806 von der „trübe gepreßten Luft einer zwangvollen Kinderstube, aus der ich mich in verzweifelnder Langeweile in allerley Gelehrsamkeit stürzte, die nachher in wärmerer Sonne bis auf wenige Neigen rein verdampfte."

Mit „allerley Gelehrsamkeit" sind vermutlich die Aufsätze, Reden und Dialoge gemeint, die er als Schüler des Joachimsthalschen Gymnasiums in Berlin von 1793 bis 1798 verfasste und die bereits früh von seinen breit gefächerten wissenschaftlichen Neigungen und von seinem Schreibtalent zeugten. Ein Beispiel dafür stellen die Reisebeschreibungen dar, darunter eine „Beschreibung des Rittergutes in Zernikow", die er mit zwölf Jahren schrieb, und „Meine Reise von Zernikow nach Neu-Strelitz", in der es über den „kleinen Ort Globsow" heißt, dass „die Einwohner in ihren elenden Hüten zufriedener als manche in Pallästen wohnende Reiche" seien.

Von 1798 bis 1800 studierte Achim von Arnim (ebenso wie sein Bruder) Jura, Philosophie, Chemie und Physik in Halle (Saale), ab Mai 1800 Mathematik in Göttingen. Doch selbst vielfältige Aktivitäten und erste fachliche Anerkennung – er gründete 1798 eine wissenschaftliche Gesellschaft, die „Freunde freier Untersuchung", gab 1799 den „Versuch einer Theorie der elektrischen Erscheinungen" in den Druck und veröffentlichte regelmäßig in den angesehenen „Annalen der Physik" – konnten das „Verdampfen" seines wissenschaftlichen Interesses nicht verhindern. Er erkannte mehr und mehr, dass er auf diesen Gebieten kaum etwas Hervorragendes würde leisten können oder, mit seinen Worten in einem Brief von 1803, „ich konnte fast nichts denken in der Physik, was nicht zu gleicher Zeit andre bekannt machten; ja viele Arbeiten habe ich zerrissen, weil sie mir zuvorkamen."

Ab dem Sommer 1801, seit seiner Rückkehr vom Studium, gab es nur noch ein Ziel: Schriftsteller zu werden. „Für Büchermotten wollte ich nicht schreiben; mein Sinn wandte sich mit erschlossenem Kelche zum Lichte der Dichtung." (An Brentano 1803). Dabei spielte neben seiner Bekanntschaft mit Goethe und dem damals sehr populären romantischen Dichter Ludwig Tieck seine Freundschaft mit Clemens Brentano eine wichtige Rolle, den er 1801 in Göttingen kennengelernt hatte. „Arnim hat mir unendlich viele herrliche poetische Arbeiten vorgelesen. Deutschland wird ihn einst bewundern und er gewiß ewig mein Freund sein", schwärmt Brentano in einem Brief an Friedrich Carl von Savigny 1802.

„Hollins Liebeleben", in der „Landeinsamkeit und im Trennungsschmerz" (vom Studentenleben vermutlich) geschrieben, ist ein Roman im Gefolge der „Leiden des jungen Werther", dem Bestseller von Goethe von 1774. Wie dieser ist Arnims Werk in Briefform verfasst und zeigt in der Hauptfigur einen Helden, dessen leidenschaftliche und gegen die bürgerliche Ordnung verstoßende Liebe ihn zum Selbstmord treibt.

> „Himmel! welch ein Gefühl, als ich die ersten Spitzen der Türme, und immer mehr, endlich die ganze herrliche Freistadt der Jugend aus der Ebene hervortreten sah! Noch ist er nicht verhallt in mir der innere Ruf nach Freiheit, der mich damals bei dem Aufgange ihrer Morgenröte zu den kühnen Spielen als Kind schon auftrieb, die mir so hart geahndet wurden. [...]
> Alle Wärme, alles Gefühl der Jahre, die bedächtig langsam mir auf den Schulbänken entflohen, drängte sich auf diese Minuten zusammen, eine neue Sonne schien mir aufgegangen, klar vor mir ausgebreitet war alles Künftige, Wissenschaft und wechselnd Leben buhlten um mich, da traten Philosophie und Poesie herbei, und Wissenschaft und Leben war verschwunden, mit Blüten bekränzt war ernsthaft der Scherz und der Ernst Scherz geworden. Hollin an Odoardo. N. den 15. Dezember"
>
> Aus: „Hollins Liebeleben" 1802

Obwohl dem „Hollin", der 1802 im Verlag von Heinrich Dieterich in Göttingen erschien, kein Erfolg beschieden war – Arnim spricht im selben Jahr bereits selbstkritisch von einer „falschen Verehrung der Göthischen Formen", war die Wendung zur dichterischen Laufbahn vollzogen. „Alles geschieht in der Welt der Poesie wegen", erklärte der Dichter, der den Künstlernamen Achim nach Erscheinen seines Erstlings annahm, in seinem Aufsatz „Die große Arbeit, eine Lebensaussicht" 1802. „Wer sich Poet nennt, der ist nicht stolz ..., der ist ein echter Märtirer und

Einsiedler, der betet und kasteit sich für andre, der stirbt, damit sie das Leben haben …"

Nun, „Einsiedler" ist von Arnim, obwohl er das gesellschaftliche Leben weitestgehend mied, nie gewesen. Die große Bildungsreise mit „Pitt" führte ihn von Herbst 1801 bis 1804 quer durch Europa. Die Brüder waren u. a. in Wien, in Frankfurt am Main – hier begegnete Achim zum ersten Mal Bettina von Brentano –, in Paris und in London, von wo aus sie eine Exkursion nach Wales und nach Schottland machten. 1805 besuchte er Goethe in Weimar und 1807 die Gebrüder Grimm in Kassel, mit denen er ein Leben lang befreundet blieb.

> „Ihr erwerbet nichts, lebet mit Kosten, obgl. ihr wohl feil in euren Eigenthum leben kötet; warum wohnet ihr nicht wenigstens auf euren Gütern? lernet darauf die landwirthschafft, um nach etlichen Jahren Euch selbst, wie andere Edelleuthe, damit beschäfftigen zu können."
>
> Aus: Brief von Caroline von Labes an ihre beiden Enkel Karl Otto und Achim von Arnim 1808

Sein Werk ist, obwohl er sich nach dem Tod seiner Großmutter 1810 intensiv um die Bewirtschaftung der Güter Bärwalde und Wiepersdorf kümmern musste, äußerst umfangreich und beinhaltet Gedichte, Erzählungen, Novellen, Romane, Dramen, literarischen Aufsätze und journalistische Arbeiten. Eine Gesamtausgabe seiner Schriften, die von 1839 bis 1856 herauskam, umfasst 21 Bände. Zu Lebzeiten den größten Erfolg hatte wohl „Des Knaben Wunderhorn", eine von Arnim und Brentano von 1805 bis 1808 herausgegebene dreibändige Sammlung von etwa 600 Volksliedtexten. Heute werden vorzugsweise die Erzählungen gelesen, zum Beispiel „Fürst Ganzgott und Sänger Halbgott" (1818), „Der tolle Invalide auf dem Fort Ratonneau" (1818) und die Novelle „Die Majoratsherren" (1820).

1811 heiratete er Bettina von Brentano, die Schwester des Freundes Clemens. Das Paar hatte sieben Kinder, vier Söhne und drei Töchter, und lebte abwechselnd in Berlin und in Wiepersdorf. Nach Arnims Tod 1831, er starb an einem Gehirnschlag, wurde Bettina von Arnim mit den Büchern „Goethes Briefwechsel mit einem Kinde" (1835), „Die Günderode" (1840) und „Dies Buch gehört dem König" (1843) eine erfolgreiche Schriftstellerin (fast erfolgreicher als ihr Mann). Ein außergewöhnliches Leseerlebnis bietet der Briefwechsel der beiden: „Achim und Bettina in ihren Briefen", Insel-Verlag.

Beigesetzt sind sie neben der Dorfkirche von Wiepersdorf. Im Schloss befindet sich heute das Bettina und Achim von Arnim Museum, zudem werden in dem denkmalgeschützten Künstlerhaus Arbeitsaufenthalte für Künstlerinnen und Künstler aller Disziplinen aus dem In- und Ausland gefördert.

Zernikow, 1362 erstmals urkundlich erwähnt, gehört seit 1998 zur neu gegründeten Gemeinde Großwoltersdorf im Landkreis Oberhavel. Zu den Sehenswürdigkeiten im Ort zählen die Dorfkirche mit der Patronatsloge und den Stifterporträts, das Fredersdorffsche Erbbegräbnis, das 1777 von Achim von Arnims Großmutter Caroline von Labes gestiftet wurde, das Inspektorenhaus (heute Gasthof), das Gutshaus und mehrere Alleen, darunter die Linden- und die Maulbeerallee.

Das Gutshaus, in dem Arnim sommers aufwuchs bzw. seine Ferien verbrachte, ist heute denkmalgeschützt. Ein Museum informiert über den Dichter. Im Inspektorenhaus werden Lesungen und in der alten Brennerei Ausstellungen veranstaltet, und traditionell finden im Sommer auf dem Gutshof das Ritter- und das Maulbeerfest statt.

Ebenfalls in Zernikow zu Hause, von 1930 bis 1945, war **Clara von Arnim** (1909-2009). In ihrem Buch „Der grüne Baum des Lebens. Erinnerungen einer märkischen Gutsfrau", erstmals 1998 im Scherz Verlag in München und seitdem in mehreren Auflagen erschienen, berichtet sie über diese Zeit.

Clara von Hagens wurde in Kassel als Tochter des späteren Oberlandesgerichtspräsidenten Walter von Hagens und seiner Frau Ilse Ratjen geboren. Nach dem Abitur begann sie zunächst ein Studium der Rechtswissenschaften, ließ sich dann aber zur Krankengymnastin ausbilden. („Damals hieß es noch Heilgymnastik und war ein neuer Beruf, den viele ‚höhere Töchter' ergriffen.")

Am 17. September 1930 heiratete sie in Berlin den Urenkel Achims und Bettinas von Arnim, Friedmund Ernst Freiherr von Arnim (1897-1946), Herr auf Wiepersdorf, Bärwalde und Zernikow. Sie lebte mit ihrem Mann und ihren sechs Kindern in Zernikow und bewirtschaftete das Gut.

> „Ich war also nicht Krankengymnastin, sondern Gutsherrin geworden. Wider Erwarten früh, mit einundzwanzig Jahren, hatte ich das erreicht, was ich mir immer gewünscht hatte: eine verantwortungsvolle Tätigkeit unter Menschen und für Menschen. Das streng abgezirkelte Dasein einer höheren Tochter lag hinter mir. Nun begann mein eigentliches Leben. Ich stand fortan an der Seite eines Mannes, dem als Erbe eine große Aufgabe zugefallen war und der beschlossen hatte, diese Aufgabe mit mir zu teilen."
>
> Aus: „Der grüne Baum des Lebens" 1998

Nach dem Ende des Zweiten Weltkrieges wurde die Familie als Gutsbesitzer „entschädigungslos enteignet". Clara von Arnim floh 1945 mit den Kindern in den Westen, ihr Mann wurde in die Sowjetunion in ein Kriegsgefangenenlager in Tula zweihundert Kilometer südlich von Moskau verbracht.

In der BRD arbeitete sie in ihrem erlernten Beruf als Physiotherapeutin in Schwäbisch Hall und war zeitweise Leiterin des privaten Internats und Gymnasiums Birklehof in Hinterzarten. Später war sie wieder als Krankengymnastin in Eschborn bei Frankfurt und in Kronberg im Taunus tätig.

Ab 1962 engagierte sie sich als Stadtverordnete von Eschborn insbesondere in der Bildungs-, Sozial- und Umweltpolitik.

Im Alter von 81 Jahren begann sie die Erinnerungen an ihre Erlebnisse als märkische Gutsherrin aufzuschreiben.

Das Buch endet am 3. Februar 1947, dem Tag, an dem sie einen Brief erhielt, in dem ihr ein Mitgefangener ihres Mannes die Umstände seines Todes am 13. Januar 1946 in Tula beschrieb.

Eine Fortsetzung ihrer Lebensgeschichte, in der sie gemeinsam mit ihrer Tochter Bettina von Arnim berichtet, wie es nach ihrer Flucht in den Westen weiterging (beide erzählen ihre Geschichte parallel), kam 2003 unter dem Titel „Das bunte Band des Lebens. Die Märkische Heimat und der Neubeginn im Kupferhaus" heraus.

Das Kupferhaus, „ein Holzhaus auf einem Fleckchen Lehmboden im Schwabenland", hatte sie 1947/48 in dem Ort Kupfer bei Schwäbisch Hall selbst gebaut.

Mehrmals reiste sie, bereits zu DDR-Zeiten, wieder nach Zernikow; nach 1990 hat sie gemeinsam mit ihren Söhnen die Restaurierung der Arnimschen Güter, auf die sie nie Anspruch erhob, finanziell unterstützt.

2009 starb Clara von Arnim im Alter von 99 Jahren in Idar-Oberstein. Sie wurde auf dem Friedhof der Dorfkirche in Zernikow beigesetzt.

Der Begriff Oberhavel existiert erst seit kürzerer Zeit, er entstand im Ergebnis der brandenburgischen Kreisreform 1993 durch Zusammenlegung der ehemaligen Kreise Gransee und Oranienburg. Die historischen Landschaften, an denen er Anteil hat, sind im Norden Mecklenburg mit dem Fürstenberger Werder, im Nordosten und Osten die Uckermark, im Südosten der Barnim, im Südwesten das Havelland sowie im Westen und Nordwesten das Ruppiner Land. Im mittleren Teil liegt das historische Land Löwenberg. Im Süden grenzt der Landkreis an Berlin. Der obere Lauf der Havel ist namensgebend und durchfließt ihn von Norden nach Süden.

René Schickele ist heute fast vergessen. Dabei war der Erzähler, Lyriker, Dramatiker, Essayist und Journalist in der ersten Hälfte des 20. Jahrhunderts einer der angesehensten Schriftsteller Deutschlands. 1926 wurde er Mitglied der Preußischen Akademie der Künste. Thomas und Heinrich Mann gehörten zu seinem Freundeskreis. Zwei Jahre lang, von 1913 bis 1914, lebte er in Fürstenberg an der Havel, für ihn eine „schöne, fruchtbare Zeit".
Geboren wurde Schickele am 4. August 1883 in Oberehnheim südlich von Straßburg im Elsass. Elsass und Lothringen waren 1871 als Folge des Deutsch-Französischen Krieges an das Deutsche Kaiserreich abgetreten worden, ein Umstand, der ihn zeitlebens beschäftigte und sich in seinem Werk widerspiegelte. In seinem Elternhaus wurde Deutsch und Französisch gesprochen. Nach dem Ersten Weltkrieg legten die Mächte der Triple Entente 1919 im Versailler Vertrag fest, das Gebiet wieder Frankreich anzugliedern.
Nach dem Studium der Literaturgeschichte, u. a. in Straßburg und in München, trat er zunächst als Lyriker („Mon Repos" 1905) und Zeitschriftenherausgeber („Der Stürmer" 1901, „Das Neue Magazin" 1904) in Erscheinung. Danach arbeitete er journalistisch, u. a. in Paris, wo er als Korrespondent für die „Straßburger Neue Zeitung" tätig war und sich vom „weltabgewandten Ästheten zum passionierten Kämpfer wandelte" (Ernst Stadler).
Im Oktober 1912 kehrte er nach Berlin zurück. Hier hatte er bereits von 1904 bis 1909 gelebt und 1907 seinen ersten Roman „Der Fremde" veröffentlicht. (Heinrich Mann: „Sie werden, wenn es so weiter geht mit Ihnen, vielleicht ein großer Autor werden.") Allerdings war es nicht möglich, in der preußischen Hauptstadt für die Familie bezahlbaren Wohnraum zu finden.
So entschloss er sich zu einem Schritt, den vor ihm zum Beispiel der Romanist Victor Klemperer von 1909 bis 1911 mit Oranienburg und Gerhart Hauptmann mit Erkner (1885-1889) gegangen

waren, er sah sich nach einer Wohnung im Brandenburger Umland um.

„Wir zogen auf der Landkarte in einem Abstand von 100 Kilometern einen Kreis um Berlin, und zwischen der Peripherie Berlins und diesem Kreis suchten wir einen Wohnort. So kamen wir nach Fürstenberg in Mecklenburg. Unser Haus lag zwischen zwei Seen, von denen man auf der Havel und durch Kanäle in andre Seen gelangte, wir besaßen ein Motorboot und ein Segelboot ..."
Fürstenberg, achtzig Kilometer von Berlin entfernt, gehörte damals noch zu Mecklenburg, erst 1950 wurde die Stadt in den brandenburgischen Landkreis Templin eingegliedert. Seit dem Bau der Bahnverbindung Berlin-Neustrelitz Ende des 19. Jahrhunderts war ihre Einwohnerzahl deutlich angewachsen, viele Berliner wählten hier ihren Wohnsitz oder nutzten sie als Ausflugs- und Luftkurort.

Das Haus selbst war eine geräumige gemietete Villa, Platz genug für den Schriftsteller, seine Frau Anna, die er „Lannatsch" nannte – ihr Mädchenname war Brandenburg – und den achtjährigen Rainer. Der zweite Sohn Hans wurde am 2. Juli 1914 in Fürstenberg geboren.

Die ländliche Abgeschiedenheit förderte die literarische Produktion („Ich gedeihe nur auf dem Land."), innerhalb kurzer Zeit schrieb Schickele den Roman „Benkal der Frauentröster", die Lebensgeschichte eines Bildhauers, die Erzählung „Trimpopp und Manasse", die im aufstrebenden, enorm wachsenden Berlin spielt, den Gedichtband „Die Leibwache" und das Schauspiel „Hans im Schnakenloch" (nach eigener Angabe im Oktober 1914 in acht Tagen), ein „Ehe- und Elsässerdrama", das im Dezember 1916 in Frankfurt/Main erstaufgeführt und danach in vielen anderen Städten gespielt wurde. Es war das erste Stück auf der deutschen Bühne, in dem ein deutscher Autor den Ersten Weltkrieg thematisierte.

In der literarischen Skizze „Auf dem Wasser" (1913) ist die exponierte Lage des Hauses in Fürstenberg beschrieben, das – nach einem Blick auf den Stadtplan – im Umfeld Garten-, Baalensee- und Wallstraße gelegen war.

„Die vier Seen, an denen wir wohnen", so der Ich-Erzähler, „sind durch die Havel miteinander verbunden. Von der Veranda meines Zimmers kann ich im Osten, über Busch und Wiesen, einen schmalen, zwischen blassen Kornfeldern und Kiefernwäldern eingeklemmten Streifen Bläue sehn. Das ist der Stolpsee …"

Wechselt er ins Schlafzimmer und öffnet dort das Fenster, so blendet ihn „eine Riesenwelle Licht, die der Schwedtsee aus seiner ganzen Breitseite zu mir heraufsendet."

Der dritte See ist der „Röbbelinsee" (heute: Röblinsee), den er mit seinem Boot nur über eine „ansehnliche Schleuse" erreicht, woran ihn freilich oft genug das „teure Schleusengeld" hindert.

Der See schließlich, an dessen Ufer sein Haus steht, „ist der kleinste. Er heißt Bahlensee [Baalensee] und versorgt mich selbst bei bedecktem Himmel mit südlicher Wärme. Bei Regen weint sich in ihn die Welt aus."

Angedeutet ist in dem Text die Distanz, die von Anfang an zwischen den Einheimischen und den zugereisten Künstlern aus Berlin herrschte. „Wenn die Nachtfeste zu Ehren der Kurgäste den orientalischen Himmel auf die mecklenburgische Erde zauberten, waren unsere Häuser die einzigen, deren Gärten nicht im Schmuck bunter Papierlaternen prangten und wo keine bengalischen Streichhölzer entzündet wurden. […] Und die Frauen, mit denen man uns sah, segelten am Familienbad der aufstrebenden Kurstadt frech vorbei, in Bademänteln kauernd, bis in die Mitte des Sees und sprangen vom Boot ins Wasser."

Unterbrochen wurde der Aufenthalt von einer Schiffsreise, die den Wahlfürstenberger Ende 1913, Anfang 1914 auf Einladung einer großen Reederei über Griechenland, Palästina und Ägypten nach Indien führte. Hapag und Norddeutscher Loyd stellten damals auf jeder Fahrt Schriftstellern Kabinen zur Verfügung unter der Bedingung, dass sie darüber schrieben. Von Schickele er-

schienen Reisefeuilletons in der „Frankfurter Zeitung" im Januar 1914.
Wenige Monate nach dem Ausbruch des Ersten Weltkriegs im August 1914 fand die produktive Zeit in Fürstenberg ein abruptes Ende. In Deutschland brach regelrecht eine Kriegshysterie aus, Schickeles unbürgerliche Lebensweise, seine Herkunft – er war ja französischer Staatsbürger – und seine vielen Besucher und Korrespondenzen machten ihn der Spionage verdächtig. Die Polizei durchsuchte das Haus.
Obwohl man nichts fand, wurde er denunziert. Er selbst schildert das im Vorwort zur Neuauflage des „Hans im Schnakenloch" 1927 so: „Der Klügste von der Bande stellte flugs aus Briefen einen ‚Indizienbeweis' zusammen und übergab ihn der Berliner Kriminalpolizei: Briefe von Heinrich Mann und Gustav Landauer, von Pierre Bucher und Maurice Barrès ... [französische Autoren]. Das Hauptbelastungsstück bestand in einem Briefkuvert ohne den dazugehörigen Brief, das an ein Familienmitglied nach Mutzig im Elsaß adressiert war (wo Vater und Mutter wohnten), und in das der Schlaukopf die photographische Aufnahme einer Kanone gesteckt hatte."
Im Dezember 1914 floh die Familie Schickele regelrecht nach Berlin-Steglitz („Wir hatten uns in Fürstenberg nicht mehr halten können.") und tauchte in der Anonymität der Großstadt unter. Den erwünschten Vorwand lieferte ihm sein Verleger, indem er ihm ab Januar 1915 die Leitung der „Weißen Blätter" übertrug. „Die Weißen Blätter", die von 1913 bis 1920 erschienen, waren neben der „Aktion" die führende Zeitschrift des Expressionismus, sie propagierten ihn auf literarischer und den Pazifismus auf politischer Ebene.
1916 wurde die Redaktion in die Schweiz verlegt, und René Schickele war froh, den Schikanen der wilhelminischen Polizei und ihrer Zensur entronnen zu sein.
1922 kaufte er für sich und seine Familie ein Haus im Schwarzwald nahe der elsässischen Grenze. Hatte er während des Ersten

Weltkriegs wenig Literarisches geschrieben, so gelangte er nun mit dem Romanzyklus „Das Erbe am Rhein" (1925-1931), dem Roman „Symphonie für Jazz" (1929) und vor allem mit der „Witwe Bosca" (1933) zu literarischem Ruhm und zählte bald zu Deutschlands anerkanntesten, wenn auch nicht auflagenstärksten Autoren. Die „Witwe Bosca" galt als sein Meisterwerk („Mein bestes Buch"). Der Roman spielt in der Provence, die Heldin hat ihren Mann im Ersten Weltkrieg verloren. Thomas Mann spricht in seinem Tagebuch von der „anmutigsten deutschen Prosa von heute". Mann war es auch, auf dessen Vorschlag Schickele 1926 in die Preußische Akademie der Künste gewählt wurde.

Aufgrund seiner elsässischen Abstammung und seiner französischen Staatsbürgerschaft fühlte er sich jedoch seit den 1930er Jahren zunehmend ausgegrenzt. 1931 war er in einem Hetzartikel in der Zeitschrift „Deutsche Treue" als Pazifist und Vaterlandsverräter beschimpft worden. Bereits Ende 1932, also noch vor Hitlers Machtergreifung im Januar 1933, verließ er Deutschland. Am 5. Mai 1933 erfolgte sein Ausschluss aus der Akademie, nachdem er eine Loyalitätserklärung, nicht gegen die Regierung öffentlich politisch tätig zu werden, nicht unterschrieben hatte.

Bis zu seinem Lebensende lebte er in Südfrankreich, zunächst in Sanary-sur-mer, einem Fischerort in der Nähe von Toulon, später in Nizza und in Vence. Als französischer Staatsbürger war er quasi im Exil im eigenen Land. Er fühlte sich weiterhin als deutscher Dichter und war verbittert, als seine Bücher 1933 in Deutschland verboten und 1935 aus den Bibliotheken entfernt wurden, er dort nicht einmal mehr in Zeitungen veröffentlichen konnte. („Ja, mein Name wird jetzt ausgelöscht in Deutschland.") Am 31. Januar 1940 starb er an Herzasthma. Thomas Mann nannte ihn rückblickend einen „Lebens- und Erlebnisgenossen" und Schickeles Sohn Rainer sprach in seinem Nachruf davon, dass sich „in seinem Sinn und seinem Temperament die kulturellen Züge Frankreichs und Deutschlands vereinten."

1959 erschien in der BRD eine dreibändige Werkausgabe, herausgegeben von Hermann Kesten und Anna Schickele; in der DDR wurden seine Bücher vom Verlag Der Morgen verlegt. Heute ist er nur noch lokal bekannt, eine Schule in Badenweiler trägt seinen Namen und im nahen Lipburg findet man im Gasthof „Schwanen" eine René-Schickele-Stube mit „Erinnerungsstücken an den Dichter".

Im KZ Ravensbrück, dem größten Konzentrationslager für Frauen während des Nationalsozialismus in Deutschland, waren auch zahlreiche Schriftstellerinnen inhaftiert. Zu ihnen gehörten Margarete Buber-Neumann, Eva Busch und Anja Lundholm.
Das Lager wurde 1939 durch die Schutzstaffel (SS) in der Gemeinde Ravensbrück im Norden der Provinz Brandenburg errichtet.
Ravensbrück war damals noch selbständig und wurde erst 1950 nach Fürstenberg/Havel eingemeindet.
Zu dem Komplex des KZ gehörten neben dem Frauenlager in unmittelbarer Nachbarschaft ein Männerlager sowie Industriebetriebe, das „Jugendschutzlager Uckermark" für Mädchen und junge Frauen und das „Siemenslager" Ravensbrück, in dem weibliche Häftlinge Zwangsarbeit leisten mussten. Darüber hinaus existierte eine Vielzahl von Außenlagern, in Oberhavel in Grüneberg im Löwenberger Land und in Velten-Hohenschöpping.
Die Auflösung des Konzentrationslagers und die Befreiung der verbliebenen Häftlinge durch die Rote Armee erfolgte im April 1945. Insgesamt waren etwa 132.000 Frauen und Kinder, 20.000 Männer und 1.000 weibliche Jugendliche aus 40 Nationen und Volksgruppen dort und im KZ Uckermark interniert. Man geht davon aus, dass 28.000 Häftlinge in Ravensbrück ums Leben kamen.
Das ehemalige Stammlager diente von 1945 bis 1993 als Kaserne für die Gruppe der Sowjetischen Streitkräfte in Deutschland.

1959 wurde die Mahn- und Gedenkstätte Ravensbrück eröffnet und später mehrfach erweitert.

Margarete Buber-Neumann (1901-1989) war seit 1940 Häftling in Ravensbrück. Die Sowjetunion hatte sie als deutsche Kommunistin im Zuge des Hitler-Stalin-Pakts an die Gestapo ausgeliefert.

Buber-Neumann, geborene Thüring, war die Tochter eines Potsdamer Brauereidirektors. Schon früh engagierte sie sich politisch. Als Schülerin kam sie durch die Wandervogelbewegung erstmals mit sozialistischen Schriften in Kontakt. Mit 20 Jahren trat sie dem Kommunistischen Jugendverband Deutschlands (KJVD) und 1926 der Kommunistischen Partei Deutschlands (KPD) bei.

1922 heiratete sie Rafael Buber, den Sohn des jüdischen Religionsphilosophen Martin Buber. Die Ehe, aus der zwei Töchter hervorgingen, wurde 1929 geschieden.

1928/29 arbeitete sie in der Redaktion der kommunistisch ausgerichteten „Internationalen Presse-Konferenz", wo sie den Reichstagsabgeordneten Heinz Neumann, Mitglied des Politbüros der KPD, kennenlernte und seine Lebensgefährtin wurde.

In Moskau, wo das Paar seit 1935 lebte, galten die beiden als Abtrünnige und Trotzkisten. Heinz Neumann wurde in der Zeit der „großen Säuberungen" 1937 zum Tode verurteilt und hingerichtet, aber „schon lange vor seiner Verhaftung hatten wir als politisch Geächtete gelebt", wie Margarete Buber-Neumann in ihren Erinnerungen („Als Gefangene bei Stalin und Hitler") schreibt. Hauptgrund war, dass Heinz Neumann bereits 1931 andere Ansichten über die Methoden des Kampfes gegen den Nationalsozialismus als Stalin und Thälmann hatte, die aus seiner Sicht die Gefahr einer Machtübernahme durch die NSDAP unterschätzten.

1938 wurde auch Buber-Neumann verhaftet und als „Ehefrau" und „sozialgefährliches Element" zu fünf Jahren „Arbeitsbesserungslager" in Karaganda in Kasachstan verurteilt, von denen sie

drei Jahre verbüßte. 1940 wurde sie auf der Brücke über den Bug bei Brest-Litowsk, der Grenze zwischen den von Deutschland und Russland besetzten polnischen Gebieten, der Gestapo übergeben. Die sowjetischen Behörden nannten so etwas „Umwandlung einer Haftstrafe in Verurteilung zur Ausweisung".
Im Konzentrationslager Ravensbrück, wo sie die Häftlingsnummer 4.208 trug, war sie zunächst Blockälteste bei den Bibelforscherinnen (Zeuginnen Jehovas). Zwischen Oktober 1942 und Frühjahr 1943 arbeitete sie als Sekretärin der SS-Oberaufseherin Johanna Langefeld und riskierte auf diesem Posten kleinere Manipulationen, um ihren Mithäftlingen Erleichterungen zu verschaffen.
Von den politischen, insbesondere von den kommunistischen Mithäftlingen wurde sie mit Misstrauen behandelt, da man ihre Inhaftierung in der Sowjetunion und die anschließende Auslieferung an Deutschland nicht wahrhaben wollte.
Am 21. April 1945 wurde Buber-Neumann zusammen mit fünfzig deutschen und tschechischen Mithäftlingen aus dem KZ entlassen, neun Tage bevor die Rote Armee das Lager befreite. Sie begab sich zu ihrer Mutter nach Thierstein in Oberfranken.

„In den mit Farbkreuzen bemalten Lagerkleidern, ohne Geld, ohne Lebensmittelkarten, nur mit einer Ration Brot als Transportverpflegung versehen, marschierten wir in Fünferreihen zum Tor hinaus in die Freiheit.
Schweigend liefen wir mitten auf der Straße, vorbei an den SS-Wohnhäusern in Richtung Fürstenberg, der nächsten Bahnstation. Mir kam nicht einmal der Gedanke, daß das nun die Straße der Freiheit sei. Erst nach einer Strecke Weges blieben einige Schwache zurück, und anderen schien einzufallen, daß man ja nun wieder ein Mensch sei und auf dem Bürgersteig gehen dürfe. [...]
Alles, was dann kam, teilte sich mir nur mit halbem Bewußtsein mit: der von Flüchtlingen überquellende Fürstenberger Bahnhof,

> der nächtliche Fliegeralarm, die teils mitleidigen, teils neugierigen Blicke auf uns fünfzig Vogelscheuchen, die da apathisch und unschlüssig am Boden sitzen.
> Wir wußten nicht, was tun. Züge nach dem Süden in Richtung Berlin gab es nicht mehr. Wo aber sollten wir bleiben? Niemand befahl uns. Keine Sirene ließ uns aufstehen, antreten oder schlafen gehen. Nach den Jahren des Häftlingsdaseins standen wir Entmündigten plötzlich vor eigenen Entscheidungen."
>
> Aus: „‚Freiheit, du bist wieder mein ...' Die Kraft zu überleben" 1978

Nach dem Ende des Krieges verarbeitete sie ihre persönlichen Erlebnisse und Erfahrungen in mehreren Büchern. „Von Potsdam nach Moskau. Stationen eines Irrweges" (1957) handelt von ihrer politischen Entwicklung bis 1935, in „Als Gefangene bei Stalin und Hitler. Eine Welt im Dunkel", 1949 erstmals erschienen, schildert sie die Zeit ihrer Inhaftierung im KZ Ravensbrück, und in „‚Freiheit, du bist wieder mein ...' Die Kraft zu überleben" (1978) erzählt sie von ihrer Heimkehr nach Franken und der folgenden Nachkriegszeit.
„Milena, Kafkas Freundin" (1963) ist eine Biographie der Prager Journalistin Milena Jesenská, die lange Zeit nur als Empfängerin der Briefe Franz Kafkas bekannt war, und eine postume Liebeserklärung an die Freundin, die sie in Ravensbrück kennengelernt hatte und die ihre politischen Erfahrungen teilte.

Eva Busch, die Sängerin und Kabarettistin, war dreieinhalb Jahre lang im KZ Ravensbrück interniert. Über diese Zeit berichtet sie in ihrer Autobiographie „Und trotzdem" (1991).
Geboren wurde Eva Busch 1909 als uneheliche Tochter des Dirigenten Franz Beidler und der Wagner-Interpretin Emmy Zimmermann in Berlin. Schon früh stand für sie fest, dass sie Künstlerin – Sängerin – werden wollte. („Ich hatte alles gelernt, was

dazu nötig war, Tanzen, Klavier, Geige, Sprechen, Schauspielern und nun auch noch Singen.") Tagsüber ging sie zur Schule und abends trat sie in kleinen Rollen in Revuen im Kabarett von Rudolf Nelson am Kurfürstendamm auf.

Dort lernte sie Ernst Busch kennen, den „Barrikaden-Tauber", der in Berlin, insbesondere bei den Arbeitern, sehr populär war. Er sang in den Kudamm-Revuen revolutionäre Lieder von Bertolt Brecht mit der Musik von Hanns Eisler, nachdem er zuvor noch an der Volksbühne in Friedrich Wolfs „Die Matrosen von Cattaro" auf der Bühne gestanden hatte.

Er wurde die „erste große Liebe ihres Lebens". Sie lebten in der Künstlerkolonie am Laubenheimer Platz in Berlin-Wilmersdorf. Nachdem er als Kommunist nach dem Reichstagsbrand 1933 aus Deutschland nach Holland geflohen war, folgte ihm Eva Busch kurze Zeit später.

Für beide Künstler begannen die Jahre der Emigration. Sie trat mit ihren Chansons auf vielen Bühnen Europas auf, in Amsterdam zum Beispiel und in Zürich in der „Pfeffermühle" von Erika Mann, und gemeinsam trugen sie im Funk antifaschistische Lieder und Gedichte vor. 1937 wurden sie von den Nazis ausgebürgert, weil sie nicht „würdig" waren, Deutsche zu sein. („Für mich war das wie die Aufnahme in die Ehrenlegion.")

Die Ehe mit Ernst Busch war bereits 1934 einvernehmlich geschieden worden, weil die wechselnden Engagements und Tourneen ein gemeinsames Leben nicht erlaubten. „Wir standen vor dem Gerichtsgebäude in Amsterdam, lagen uns in den Armen und heulten. Selbst Busch weinte." Bis zum Tod Ernst Buschs 1980 blieben sie freundschaftlich miteinander verbunden.

Anfang 1939 ging Eva Busch nach Paris, wo sie in verschiedenen Kabaretts engagiert war und Platten aufnahm, darunter den populären Filmschlager „Bel Ami" von Theo Mackeben.

Im Mai 1940 kam sie als in Deutschland geborene Frau für einige Wochen ins Lager Gurs in den Pyrenäen. Im Februar 1941 wurde sie in Paris von der Gestapo verhaftet und nach Berlin ins Poli-

zeigefängnis am Alexanderplatz und nach ihrer Verurteilung zu „lebenslänglich Konzentrationslager" nach Ravensbrück „überstellt".
In Ravensbrück trug Eva Busch die Häftlingsnummer 7.964. Durch unermüdliche Interventionen ihrer Mutter kam sie kurz vor dem Ende des Krieges unter Auflagen frei.

> „Es gab keine Arbeitskolonne, in der ich nicht gewesen wäre. Ich mußte mit bloßen Händen Kohlen aus den Booten ausladen, die auf dem See von Fürstenberg lagen, Briketts und kleine Eierkohlen, sie in große Loren werfen, die auf Schienen standen. Wenn die Loren voll waren, mußten wir sie ungefähr achthundert Meter weit schieben und dann ausleeren. Die eisernen Loren waren so schwer, daß wir dachten, wir würden es nie schaffen, sie zu bewegen. Aber wir mußten. Dreizehn Stunden am Tag.
> Dann mußte ich Ziegelsteine tragen. Fünfzig Häftlinge standen sich schräg gegenüber und reichten einander die Ziegel zu. Die Hände rissen auf. Das Blut lief die Arme hinunter.
> Im Winter kam ich in die Schneekolonne. Ich mußte Schnee in Schubkarren kippen, die Karren an den See fahren und den Schnee hineinkippen. Bei einem Schwächeanfall stürzte sich ein Wachhund auf mich und biß mich. Die Aufseherin sah eine Weile zu, pfiff ihn dann zurück und legte mir einen Strick um den Hals, dessen Enden an den Griffen der Schubkarre befestigt waren. Im Nacken das ganze Gewicht, mußte ich dann wie ein Ochse den Karren weiterschieben. Am Abend war mein Hals von Blut überströmt."
>
> Aus: „Und trotzdem. Eine Autobiographie" 1991

Nach ihrer Entlassung erfuhr sie, dass ihre Erfolgstitel (u. a. „Bel ami", „Eine Zigarette lang") die ganze Zeit über im Radio, auch in Durchhaltesendungen für Frontsoldaten, gespielt wurden, ohne dass jemand wusste, dass sie im KZ saß.

Sie wurde „kriegsdienstverpflichtet" und musste im „Haus Vaterland" am Potsdamer Platz in Berlin für Soldaten und Offiziere singen.

Nach dem Zusammenbruch des Dritten Reiches ging sie in ihre Wahlheimat Paris zurück und setzte ihre Karriere als Chansonsängerin fort. Zuletzt lebte sie in München, wo sie 2001 verstarb.

„Das Höllentor", so nannten die Häftlinge das Eingangstor zum KZ Ravensbrück. In ihrem gleichnamigen Roman erzählt die Schriftstellerin **Anja Lundholm** (1918-2007) von ihrer Haft im Lager vom Frühjahr 1944 bis zu ihrer Flucht Anfang Mai 1945.

Lundholm, die eigentlich Helga Erdtmann hieß, wurde in Düsseldorf als Tochter eines Apothekers geboren und wuchs in Krefeld auf.

Von 1936 bis 1939 studierte sie Klavier, Gesang und Schauspiel an der Staatlichen Akademischen Hochschule für Musik in Berlin und übernahm kleinere Rollen in Filmen der Ufa.

Als „Halbjüdin" – ihre Mutter Elisabeth Blumenthal, die aus einen Darmstädter Bankiersfamilie stammte, war Jüdin – war sie von den Bestimmungen der Nürnberger Gesetze, die 1935 beschlossen wurden und der „Reinhaltung des deutschen Blutes" dienen sollten, betroffen, d. h. sie durfte zum Beispiel keinen Nichtjuden heiraten.

1941 gelang ihr mit Hilfe gefälschter Papiere die Flucht nach Italien.

In Rom schloss sie sich einer internationalen Widerstandsgruppe an. 1943 wurde sie aufgrund der Denunziation durch ihren Vater, der bereits 1934 in die SS eingetreten war, von der Gestapo verhaftet.

In Innsbruck verurteilte man sie in einem Prozess wegen Hochverrats zum Tode und brachte sie im Frühjahr 1944 ins Konzentrationslager Ravensbrück.

Ab Ende 1944 war sie Zwangsarbeiterin in einem KZ-Außenlager, aus dem sie mit anderen Häftlingen im April 1945

auf einem „Todesmarsch" evakuiert wurde. Sie konnte fliehen und schlug sich zur britischen Armee in Lüneburg durch.
Ab 1953 lebte sie als freischaffende Schriftstellerin und Übersetzerin in Frankfurt am Main.
Seit den 1950er Jahren war sie durch ihre Multiple-Sklerose-Erkrankung stark behindert, die sie auf die an ihr in Ravensbrück vorgenommenen medizinischen Versuche zurückführte.
Eine besonders bedrückende Rolle in ihrem Leben spielte ihr Vater. Er denunzierte nicht nur seine Tochter, sondern trieb zuvor auch seine jüdische Frau, Anja Lundholms Mutter, 1938 in den Selbstmord.
1953 wurde ihr auf sein Betreiben – er war mittlerweile entnazifiziert – das Sorgerecht über ihre beiden Kinder entzogen.
Anja Lundholm schrieb neben einer Reihe von Unterhaltungsromanen (u. a. „Ich liebe mich, liebst du mich auch?" 1971, „Nesthocker" 1977, „Narziß postlagernd" 1985) Romane, in denen sie den Spuren ihres Lebens nachging, darunter „Morgengrauen" (1970), der ihre Flucht 1945 nach Lüneburg beschreibt, und „Der Grüne" (1972, in den 1990er Jahren u. d. T. „Ein ehrenwerter Bürger" neu aufgelegt), in dem sie ihren tyrannischen Vater einer schonungslosen Analyse unterzog.
Erst mit dem „Höllentor" aber fand sie als Schriftstellerin größere Anerkennung. Der Roman, der 1988 erschien, erregte in der BRD großes Aufsehen, während er für die DDR nicht von Interesse war. Das hat vermutlich damit zu tun, dass er teilweise kolportagehafte Züge trägt.

> „Während der Lichtstrahl vom nahen Wachtturm in gleichmäßigen Abständen über die aneinandergedrängten Gestalten auf den Brettern gleitet, über Gesichter, deren Leid nicht einmal der Schlaf aus den Zügen zu wischen vermag, lausche ich auf die Rufe des Seeadlers. Irgendwo da draußen am See hockt er im Geäst; ich höre ihn jede Nacht, bevor ich einschlafe. Weiß er von seinem Glück, frei zu sein? Ich versuche, mir den Schwedtsee

vorzustellen. Oft schon waren wir ihm so nah, daß der Duft nach Schilf und Wasserdichte, den uns der Wind zutrug, in unsere Nasen drang. Und doch haben wir ihn bis heute nicht zu sehen bekommen. Meine sehnsüchtige Phantasie wünscht ihn sich ganz versteckt zwischen dichtem Nadelgehölz, ein tiefes Wasser, in sich ruhend, zugänglich nur für den, der seine Stille nicht verletzt. Aus ihm machen meine Gedanken einen Hort der Geborgenheit."

Aus: „Das Höllentor" 1988

1997 erhielt Anja Lundholm den Hans-Sahl-Preis, 1998 die Goethe-Plakette der Stadt Frankfurt am Main und 2003 den Niederrheinischen Literaturpreis der Stadt Krefeld.
Sie wolle verstehen, was die Menschen bewege, erklärte sie 1994 in einem Interview mit der „Zeit". Was bringt zum Beispiel einen SS-Mann in Ravensbrück dazu, scheinbar liebevoll mit einem Dreijährigen zu spielen und ihn Sekunden später mit dem Kopf gegen eine Mauer zu schleudern? Und was geht in einer jungen KZ-Aufseherin vor, die ein am Boden liegendes jüdisches Mädchen zu Tode prügelt? „Wir wissen: Der Mensch ist zu allem fähig. Und er ist beeinflussbar, lenkbar. Das macht Angst. Auch für die Zukunft."

1881 in Glogau in Schlesien geboren und 1935 in Fürstenberg gestorben, ist **Hans Joachim Freiherr von Reitzenstein**. Er verfasste Romane und Erzählungen, darunter „Das Mysterium der Liebe" (1918), „Der Wille zum Glück" (1922) und „Goldgräbergeschichten" (1937). Den größten Erfolg erzielte er mit dem Kriminalroman „Oberwachtmeister Schwenke" (1933), der zweimal – 1935 und 1955 – verfilmt wurde. Reitzenstein übersetzte auch: „Im australischen Busch" von Rolf Boldrewood (1928).

„Sieben Wälder", so nannten die Schriftsteller **Lola Landau** (eigentlich Leonore Landau, 1892-1990) und **Armin T. (Theophil) Wegner** (1886-1978) das Haus in Neuglobsow am Stechlinsee im Norden Brandenburgs, das sie fünf Jahre lang, von 1920 bis 1925, mit ihren drei Kindern bewohnten. Ein Haus, in das sich Wegner „auf den ersten Blick verliebt hatte", erinnert Landau viele Jahre später, dem sie aber erst „eine Seele einhauchen mussten."

Kennengelernt hatte Lola Landau A. T. Wegner 1917 anlässlich einer privaten Lesung, die er in Breslau gestaltete. Der Fremde war ihr bereits auf der Fahrt dorthin in der Straßenbahn aufgefallen. „Zuerst sah ich nur den schwarzen Umhang, der vor Nässe glitzerte, ausländisch und fremdartig im Schnitt. Mit seinen weiten düsteren Falten erinnerte er an einen Rittermantel. Aus diesem dunklen Rahmen sprang das Gesicht hervor, hell wie aus edlem Stein geschnitten, und von einer so vollendet ebenmäßigen Schönheit, dass es dem Stofflichen wie ein Kunstwerk entrückt schien." (Aus: „Vor dem Vergessen. Meine drei Leben". Autobiographie)

Lola Landau, die aus einem wohlhabenden jüdisch-bürgerlichen Elternhaus in Berlin stammte, war damals noch eine unbekannte Autorin. Sie hatte zwar bereits als 16jährige mit dem Gedichte schreiben begonnen, 1910 bis 1912 im „Berliner Tageblatt" veröffentlicht und seitdem Novellen, Dramen und Hörspiele verfasst, war aber doch in erster Linie die „Tochter aus gutem Hause" – ihr Vater war ein erfolgreicher Gynäkologe und sehr auf die gesellschaftliche Assimilation der Familie bedacht – und die Ehefrau des Breslauer Philosophen und Universitätsdozenten Siegfried Marck, den sie 1915 geheiratet hatte. Ihre Söhne Andreas und Alf kamen 1916 und 1918 zur Welt.

Wegner hingegen, 1886 in Elberfeld (heute zu Wuppertal) als Sohn eines hohen preußischen Staatsbeamten geboren, war 1917 bereits eine Berühmtheit. Nach dem Jurastudium in Berlin (ab 1908, Promotion 1914 in Breslau) und dem Besuch der Schauspielschule von Max Reinhardt von 1910 bis 1912 bewegte er sich im Kreis der jungen expressionistischen Schriftsteller um Georg Heym, Else Lasker-Schüler und Johannes R. Becher. 1909 erschienen die Gedichte „Zwischen zwei Städten", 1910 die „Gedichte in Prosa", 1911 „Italienische Reisebilder" und 1917 frühe expressionistische Gedichte unter dem Titel „Das Antlitz der Städte", die allerdings wegen „Unsittlichkeit" verboten wurden.

Märkische Landschaft

Der Forst stand fahl im Frühlingsschein.
Wir fühlten, wie die Luft im Weitergehn
Uns müde machte, ein zu schwerer Wein.
Das Silbergrau der Havelseen
Schwoll dunkel unter wachsenden Gewittern,
Und müde Birken, vorgebeugt im Stehn,
Flüsterten in das Frühlingswehn,
Blaßjunge Nonnen, die nach Liebe zittern.

Aus: „Das Antlitz der Städte" 1917

Im Ersten Weltkrieg diente er an der deutsch-russischen Front als Krankenpfleger. 1915 gelangte er mit einer Rot-Kreuz-Formation ins Osmanische Reich, wo er ab 1916 als Sanitätsoffizier unter Feldmarschall von der Goltz in Ost-Anatolien die Vertreibung der Armenier durch die Türken und ihre Ermordung miterlebte. Er hielt das Geschehen fotografisch und literarisch fest und intervenierte bei der deutschen Regierung und beim US-Präsidenten („Offener Brief an den Präsidenten der Vereinigten Staaten von Nordamerika, Woodrow Wilson, über die Austreibung des armenischen Volkes in die mesopotamische Wüste" 1919) in dieser Angelegenheit. Seine Hoffnung, die kaiserliche Diplomatie würde Einfluss auf die Verbündeten am Bosporus nehmen, sah er ebenso enttäuscht wie die Erwartung nach 1918, dass die Sieger sich für das armenische Volk einsetzten. 1919 hielt er in der Berliner Urania einen Dia-Vortrag, in dem er auch die eigenen Bilder zeigte (die Glasplatten befinden sich heute im Deutschen Literaturarchiv in Marbach).

Sein Vorhaben, zu dem Geschehen einen Roman („Die Austreibung") zu schreiben, blieb allerdings in Entwürfen stecken, auch bedingt durch die Publikation von Teilen aus Franz Werfels Roman „Die vierzig Tage des Musa Dagh" (1932), der sich mit dem gleichen Gegenstand auseinandersetzte.

Lolau Landau war in Breslau von Wegner sofort fasziniert, sowohl von seinen Texten als auch von seiner Persönlichkeit. „Er sprach die Verse mit klangvoller, aber gebändigter Stimme", erinnert sie in ihrer Autobiographie siebzig Jahre später den Vortragsabend, „dann steigerte er sich immer mehr, und am Ende öffnete sich sein Mund zu einem singenden Schrei. Mit diesem geöffneten Mund glich er einem Dämon, einem phantastischen Haupt an einem Wasserspeier, über dessen Lippen Zauber und Verführung sprudelten. Ich stand noch benommen, als sich nach der Lesung alle um ihn drängten."

1919 ließ sie sich von Siegfried Marck scheiden, 1920, an einem regnerischen Novembertag, heiratete sie Wegner. Anstelle einer Hochzeitsreise machte das Paar von Rheinsberg aus, wo es getraut worden war, einen dreistündigen Fußmarsch „durch die herbstlichen Wälder" nach Neuglobsow, wo Wegner ein Grundstück gekauft hatte. „Der Kaufpreis war günstig, da das Haus so abseits lag, in einem Holzfällerdorf, das nur für kurze Monate seine Sommervillen und wenige Pensionen öffnete." (In dem Buch „Armin T. Wegner. Ein Dichter gegen die Macht" von Reinhard Nickisch, 1982 erschienen, ist davon die Rede, dass die vermögenden Eltern Lola Landaus „ihrer Tochter und ihrem neuen Gatten" das Haus kauften. Das wäre erstaunlich, da sie, wie Lola Landau in ihrer Autobiographie verrät, strikt gegen diese Ehe eintraten.)

Neuglobsow, seit 1998 Ortsteil der Gemeinde Stechlin, war kein Holzfäller-, sondern ein Glasmacherdorf, 1780 im Zusammenhang mit einer Glashütte, die bis ca. 1900 grünes Tafelglas herstellte, entstanden. Die Fachwerkhäuser der Glasmacher prägen neben den Villen der reichen Zuzügler bis heute das Ortsbild.

Die Abgeschiedenheit des Dorfes und der fehlende „öffentliche Nahverkehr" – man war auf Pferdefuhrwerke angewiesen, erst seit 1930 (bis 1945) besaß die Gemeinde als Endstation der Stechlinseebahn einen Bahnanschluss, mit dem man über Gransee und Löwenberg bis Berlin gelangte – stellten freilich nicht das größte Problem dar, im Haus selbst fehlten fließendes Wasser und Licht, die Öfen waren noch nicht fertig gesetzt und das Dienstmädchen, das man in Berlin engagiert hatte, nahm gleich am ersten Tag Reißaus.

Fertig wurde es, so Landau, „eigentlich niemals, denn solange wir darin wohnten, in all den Jahren, bastelten wir daran herum, um es zu verschönern." Im Januar des Folgejahres aber sperrte der erste Raum, Wegners Arbeitszimmer, bereits „Kälte und Finsternis aus und umschloss uns wie eine bunte Muschel." Das Haus „summte; es hatte eine Seele bekommen."

„Von den Zimmern des Hauses aus sieht man nichts als einige Felder, über deren sanft ansteigende Hügel der Wald wie eine Schar von Speerträgern heraufkommt. Wälder, Wälder, Wälder. Weithin über viele Meilen erstrecken sie sich. Hier begegnen sich Kiefern, Buchen, Eichen und Tannen im Forst und streiten sich um die Ufer des Sees. [...] Von Norden, Süden, Osten und Westen drängen die Massen herauf, und darum haben wir unser Haus ‚Haus Sieben Wälder' genannt, weil es die sieben Wälder des Lebens sind, die wir durchwandern mussten, um an seine Schwelle zu kommen."

Aus: Wegner, A. T. „Der schwarze und der weiße Wald. Neuglobsow am Stechlinsee in der Mark" 1924

Während Lolau Landau ihre eigenen dichterischen Pläne hinausschob, sich um Haushalt und Garten kümmerte (und um ihre beiden Söhne aus erster Ehe; die gemeinsame Tochter Sibylle kam 1923 hinzu), stürzte sich Armin T. Wegner sofort in die Arbeit. Er reiste viel, engagierte sich als aktiver Pazifist, indem er zum Beispiel 1919 an der Gründung des Bundes der Kriegsdienstgegner (BdK) beteiligt war, schrieb und veröffentlichte die Bücher „Der Knabe Hussein – Türkische Novellen" (1921), „Die Straße mit den tausend Zielen" (Gedichte 1924), „Das Zelt. Aufzeichnungen, Briefe und Erzählungen aus der Türkei" (1926), „Wie ich Stierkämpfer wurde" (Erzählungen 1928) und die Reiseberichte „Fünf Finger über Dir" (ein Russland-Reisebuch, 1929/30), „Am Kreuzweg der Welten – Eine Reise vom Kaspischen Meer zum Nil" (1930) und „Maschinen im Märchenland. Tausend Kilometer durch die mesopotamische Wüste" (1932).

„Ich lernte einen anderen Armin kennen, vielleicht den einzig wirklichen unter seinen vielen Gesichtern", bekennt Lola Landau in ihrer Autobiographie. „Er lebte so heftig mit den Gestalten seines Buches, dass die Gegenwart zur Schattenwelt für ihn wurde, in der er am Tage wie sein eigener Schatten umherging. Er war abwesend, weit fort. [...] Erst am Abend wachte er auf, wenn er sich am Schreibtisch über die Blätter beugte."

Wegners erfolgreichstes Buch wurde „Moni oder Die Welt von unten. Der Roman eines Kindes" (1929). Lola Landau publizierte hingegen in dieser Zeit „nur" die Gedichte „Der unversiegbare Brunnen" (1922).

Als gemeinsames Projekt wurde das Puppenspiel „Wasif und Akif oder Die Frau mit den zwei Ehemännern" 1926 in Max Reinhardts Komödie am Kurfürstendamm in Berlin uraufgeführt. Außerdem arbeiteten sie gemeinsam an Beiträgen für die Berliner Presse und für ausländische Zeitungen, um in der Inflationszeit zusätzlich (ausländisches) Geld zu verdienen. Für Wegner war das „Fronarbeit", die ihn vom Bücherschreiben abhielt. Verreisten sie, so betreute Grete Berger, Lola Landaus frühere Erzieherin, die Kinder.

Die Beziehungen zu den Dorfbewohnern gestalteten sich nicht immer einfach. Während Wegner sie so manches Mal verteidigte, da ihm, selbst preußischer Herkunft, „die Kultur und der Lebensstil dieser Menschen verwandt und lieb" war, hatte Lola Landau, „in der überfeinerten Luft einer geistig-bürgerlichen Schicht aufgewachsen" und mit ihrem südländischen Temperament große Schwierigkeiten, mit den Einheimischen klarzukommen. „Ich war in dieses Walddorf wie in einen fernen Erdteil verschlagen, zu Menschen, die mit den gleichen Lauten eine völlig andere Sprache sprachen, die ich nicht verstand. Menschen, die von der Erde lebten, von dem spröden Waldboden, zähe, karge Seelen, schweigsam und sparsam mit Gefühlen. [...] Ich fühlte mich hier wildfremd."

Offene Feindschaft gab es mit dem Nachkommen der letzten Glashüttenbesitzer, dem Dorfpatron und General der Infanterie Karl Litzmann, einem Parteigänger der Nationalsozialisten und Abgeordneter der NSDAP, ab 1933 Alterspräsident des Reichstags. Die Jüdin Lola Landau und den Pazifisten A. T. Wegner wollte er als Nachbarn in „unserer Mitte" nicht dulden, er warf ihnen vor, sie seien Verräter und stünden „im Solde des Auslands".

Freundschaftliche Beziehungen entstanden dennoch, zum Beispiel zu den Familien des Fischers, des Schmiedes und des Malermeisters. Im Sommer luden sie oft Gäste in ihr Haus, meist Schriftsteller und Künstler aus Berlin, die, so Lola Landau, „das geistige Fieber und die Unrast der großen Stadt in die Stille unserer Wälder brachten."

Die schönsten, intensivsten Momente aber erlebten das Ehepaar und die Kinder in der Natur. Man schwamm im Stechlinsee, ruderte und segelte, suchte Pilze, lief im Winter Schlittschuh und machte lange Wanderungen zu landschaftlich schönen Stellen wie der „Zärtlichen Buche", dem "Mutterblick" oder dem „Verlorenen Sohn" – so wurde eine verwunschene Waldwiese vom Volksmund genannt.

> „Im Anfang ist das Schweigen. Eines Morgens erwache ich oben in dem kleinen Zimmer unseres Hauses im Walde und fühle, wie das Haus leise unter mir atmet, mit jenen friedlichen Stimmen, an die ich mein Leben gebunden habe und ohne die ich es nicht mehr denken kann. Eine Weile liege ich mit geschlossenen Augen. Der Hahn kräht, eine junge Ziege ruft zärtlich nach ihrer Mutter. Und dann ist nur noch eine Stimme da, eine dunkle gewaltige Stimme, die alles andere übertönt.
> Es ist der Wald. Sein Schweigen ist so groß und tief wie das Meer. Er schickt den Wind voraus, der rund um die Wände geht und an den Kanten meines Daches die Zweige der Bäume wie ein Messer wetzt. Ich erhebe mich und trete hinüber an den Arbeitstisch vor dem Fenster, ich blicke über den Garten, den Feldweg, die schmale Lichtung, auf der unser Dorf liegt, bis dorthin, wo der Buchenwald beginnt, der wie ein unendlicher schwarzer und dichter Pelz die Erde bedeckt. Ich lausche hinaus und erschrecke. Nichts rührt sich in der weiten Stille. Auf einmal weiß ich: Es ist dieses Schweigen, das mich beglückt."
>
> Aus: Wegner, A. T. „Der schwarze und der weiße Wald" 1924

1925 entschied sich die Familie, ihren Hauptwohnsitz wieder nach Berlin zu verlegen, um den Kindern eine bessere Schulbildung zu ermöglichen. Auch beruflich versprach man sich durch die Anwesenheit in der Hauptstadt größere Chancen und Verdienstmöglichkeiten. Und in der Tat, mit dem Erfolg der Bücher Wegners, mit Rundfunkvorträgen und Zeitungsartikeln „strömte Geld in unsere Hände".
Die Sommermonate verbrachte die Familie von 1926 bis 1932 jedoch weiterhin in ihrem Haus in Neuglobsow, fuhr zu fünft mit dem Motorrad mit Beiwagen, dem „Weißen Fuchs", dorthin.

Im Frühling 1933, die Nationalsozialisten hatten inzwischen die Reichstagswahl gewonnen, erwartete sie ein Transparent über der Dorfstraße: „Juden sind unerwünscht!" Wegner verfasste daraufhin einen Brief an den Reichskanzler Adolf Hitler, in dem er gegen die Judendiskriminierung und -verfolgung protestierte. Am 16. August 1933 wurde er von der Gestapo verhaftet, im Columbiahaus in Berlin-Tempelhof gefoltert und anschließend in die Konzentrationslager Oranienburg, Börgermoor und Lichtenburg gebracht. Im Dezember 1933 entließ man ihn aus der Haft.

„Seitdem ich ihn im Lager besucht hatte, war das Grauen, das an ihm haftete, auch auf mich übergegangen", erzählt Lola Landau in ihrer Autobiographie. „In der Baracke, wo ich ihn über einen kahlen Tisch hinweg zehn Minuten lang sprechen durfte, roch es nach gescheuertem Holz und Angstschweiß. Dicht neben uns stand der Wachposten, jedes Wort belauernd. Ich versuchte, meinen Schrecken über das Aussehen meines Mannes zu verbergen. Armins Haut hatte eine grünliche Leichenfarbe angenommen; aber schlimmer noch, seine Augen waren erbleicht. Sie waren stumpf, hatten den gebrochenen Ausdruck eines misshandelten Tieres. [...] ‚Mein Gott, was haben sie aus ihm gemacht?', dachte ich, während die Furcht auch in meinen Nacken sprang und ich, vorüber an den Stacheldrähten, dem Tor entronnen, auf der Straße zu laufen begann." (Es handelt sich um einen fiktiven Besuch, in Wirklichkeit war L. Landau in dieser Zeit in Schweden.)

Ein letztes Mal besuchten Lola Landau, A. T. Wegner und ihre Kinder im August 1934 ihr Haus. Im gleichen Jahr wurde es verkauft und Wegner folgte seiner Familie, die (für eine befristete Zeit) nach England emigriert war.

Neuglobsow erinnert an die beiden Schriftsteller seit 2005 mit dem Lola-Landau-Ring und seit 2015 mit dem Armin-T.-Wegner-Weg.

Mitte der 1930er Jahre trennte sich die Familie. Lola Landau entschied sich für den Zionismus und ein Leben in Palästina (Andreas und Sibylle gingen mit ihr, Alf blieb in London), wo sie als Englischlehrerin und Schriftstellerin arbeitete; Wegner, dessen Schriften seit 1938 auf der Liste des „schädlichen und unerwünschten Schrifttums" in Deutschland standen, siedelte 1936 nach Positano über, einem kleinen süditalienischen Fischerdorf am Golf von Salerno.

Dort traf er Irene Kowaliska, eine in Wien aufgewachsene und in Berlin ausgebildete Künstlerin (Keramik, Glasmalerei, Textildesign), die nach seiner gütlichen Trennung von Lola Landau 1939 seine zweite Gefährtin wurde. 1945 heiratete er sie, 1941 war der gemeinsame Sohn Michael zur Welt gekommen.

Zwischen 1941 und 1943 lehrte Wegner deutsche Sprache und Literatur an der Hochschule in Padua. Anschließend lebte er als freier Schriftsteller abwechselnd in Rom und auf der Insel Stromboli, wo er 1956 noch einmal ein altes Haus erwarb – die Mühle mit dem „Turm der sieben Winde" – und eigenhändig ausbaute.

Wegner wollte das „reife Werk als Dementi" (Ruth Greuner), aber seine schöpferische Kraft, die ihn in den 1920er, 30er Jahren zu einem der bekanntesten Autoren in Deutschland gemacht hatte, fand er nicht wieder; zeitlebens litt er unter den Folgen der Gestapohaft.

Auf dem 1. Deutschen Schriftstellerkongress im Oktober 1947 in Berlin zählte man den vermeintlich Verschollenen zu den während des Nationalsozialismus umgekommenen Schriftstellern.

In beiden deutschen Staaten wurden ausgewählte Werke veröffentlicht, 1974 in der BRD unter dem Titel „Fällst du, umarme auch die Erde oder Der Mann, der an das Wort glaubt" und 1982 in der DDR „Am Kreuzweg der Welten – Lyrik, Prosa, Briefe, Autobiographisches" mit einem Nachwort von Ruth Greuner im Buchverlag Der Morgen.

An Auszeichnungen erhielt er unter anderem das Große Verdienstkreuz der Bundesrepublik Deutschland (1956) und den Eduard-von-der-Heydt-Preis seiner Heimatstadt Wuppertal (1962). 1968 wurde er in die Reihe der Gerechten unter den Völkern aufgenommen und pflanzte – von der Vereinigung der nichtjüdischen Märtyrer und Helden Yad Vashem nach Israel eingeladen – in der „Allee der Gerechten" einen Baum. Im gleichen Jahr folgte er einer Einladung der „Gesellschaft zur kulturellen Verbindung mit dem Ausland" nach Jerewan, der Hauptstadt der Armenischen Sowjetrepublik, wo man ihn für seinen Einsatz für das armenische Volk ehrte.

1999 erschienen die „KZ-Briefe 1933/34" unter dem Titel „Welt vorbei" und 2011 „Die Austreibung des armenischen Volkes in die Wüste. Ein Lichtbildervortrag, Augenzeugenbericht und Dokumentation". Seit 2002 existiert in Wuppertal die Armin-T.-Wegner-Gesellschaft.

Lola Landau, die in Israel unter dem Namen Eleonore Wegner lebte, veröffentlichte seit den 1970er Jahren wieder in Deutschland, zum Beispiel die Bücher „Hörst du mich, kleine Schwester?" (1971), „Variationen der Liebe" (1973) und „Die zärtliche Buche" (1980). 1987 erschien ihre überaus lesenswerte Autobiographie „Vor dem Vergessen. Meine drei Leben", in der sie ihr Leben mit Armin T. Wegner beschreibt. 1989 erhielt sie das Bundesverdienstkreuz 1. Klasse. Eine Reise nach Berlin, in dem sie seit 1936 nicht mehr gewesen war, musste sie 1977 aus gesundheitlichen Gründen absagen.

Lola Landau und Armin T. Wegner sahen sich nach dem Krieg nur ein einziges Mal wieder, „für eine kurze Stunde" in einem süditalienischen Hafen.

Ihr Haus in Neuglobsow, das „weiße Haus mit dem tief heruntergezogenen Dach, wie eine Knabenmütze in die helle Stirn gezogen", steht noch. Ob es noch eine Seele hat?

Nur zwanzig Jahre später, aber mit einem völlig anderen biographischen Hintergrund, lebte wieder ein schreibendes Ehepaar in Neuglobsow: **Lori Ludwig** (1924-1986) und **Hanns Krause** (1916-1994). Sie waren DDR-Schriftsteller und schrieben für Kinder und Jugendliche.

Lori Ludwig, geboren in Himmelsberg in Thüringen (heute zu Sondershausen) entstammte einer Bauernfamilie. Nach dem Besuch einer landwirtschaftlichen Berufsschule war sie als Bäuerin tätig. Seit ihrer Jugend künstlerisch und literarisch interessiert, absolvierte sie im Fernstudium Kurse im Zeichnen und Malen und begann zu schreiben. 1947 schloss sie sich dem „Arbeitskreis Junger Autoren" in Weimar an, wo ihr Talent gefördert wurde. Auf einem Lehrgang des Kulturbundes für junge Autoren 1951 in Bad Saarow lernte sie Hanns Krause kennen.

Der geborene Berliner war Sohn eines Arztes. Nach der Schule wurde er zum Arbeitsdienst und anschließend zur Wehrmacht eingezogen. Er nahm als Soldat am Zweiten Weltkrieg teil. Nach Kriegsende hielt er sich in Oberbayern auf, wo er verschiedene Hilfstätigkeiten ausübte, u. a. als Müllergehilfe, Tischler und Drechsler.

1953 heirateten sie und ließen sich in Neuglobsow, das damals zum Kreis Gransee (im Bezirk Potsdam) gehörte, nieder. Ihr Haus nannten sie „Die Grüne Hütte" – eine direkte Anlehnung an die jahrhundertealte Tradition der Glasbläserei im Ort. Schon die alte Globsower Glashütte trug diesen Titel, weil in ihr grünes Flaschenglas hergestellt wurde.

Gemeinsam leiteten sie bis zu Lori Ludwigs Tod im Jahre 1986 „Zirkel Schreibender Arbeiter" in Rheinsberg, Zehdenick und Neuruppin.

Hanns Krauses schriftstellerisches Werk besteht aus über dreißig Kinder- und Jugendbüchern: „Alibaba und die Hühnerfee" (1955), „Das Mädchen aus dem Nebenhaus" (1963), „Der Straßenschreck von Mannheim" (1970) über den Erfinder Carl Friedrich Benz und „Unsere Große macht das schon" (1982), um nur einige zu nennen. Sie erschienen (und erscheinen, das Benz-Buch zuletzt 2011) im Kinderbuchverlag Berlin und im Gebr. Knabe Verlag Weimar.

Ein Buch, das in der Region spielt, sind „Die Roten Hähne vom Stechlin" (1978). Erzählt werden die Erlebnisse dreier zwölfjähriger Neuglobsower Jungen, die sie mit den Urlaubern in ihrem Heimatort haben, schöne Erlebnisse mit dem Berliner Mädchen Barbara Hörner, genannt „Hörnchen", oder weniger schöne mit wilden Campern, mit einer Wandergruppe, die eine Blindschleiche nicht von einer Schlange unterscheiden kann und sie deshalb totschlägt, und mit den Hinterlassenschaften eines Betriebsausfluges der Gärtnereigenossenschaft „Blütenzauber": „Das Bier und der Schnaps flossen in der ‚Seeterrasse' reichlich. Einige der Feiernden waren bereits mächtig benebelt, andere feierten weiter und verkündeten im Chor, dass solch ein Tag, so wunderschön wie heute, nie vergehen dürfe. Noch spät in der Nacht bei Sternenglanz und Mondschein marschierte ein Trupp besonders trinkfester Männer grölend zum Stechlin, um dort noch ein Mitternachtsbad zu nehmen. [...] Am nächsten Morgen sah es an der Badestelle böse aus. Umgestülpte Papierkörbe, ein abgerissener Wegweiser für Toilettenbenutzer, umgekippte Strandkörbe, zwei zerbrochene Bänke. Am Ufer glitzerten im Morgenlicht die Reste von drei mutwillig zerschlagenen Bierflaschen, und in der Nichtschwimmerabgrenzung lugte eine leer getrunkene Wodkaflasche aus dem Wasser."

Wenn es besonders unschön zu werden droht, versichern sich die Jungen mit den witzigen Namen Peter Trittschuh, Klaus Dirlewatt und Mario Semmelbaum des Beistands des Roten Hahns, einer „Art Schutzgeist, der aufpasst, dass sich niemand am See vergreift. [...] Auch jener glatzköpfige aber bärtige Ausflügler, der am Vormittag in der Nordbucht die Sperrschilder geflissentlich übersah und seinen zitronengelben Moskwitsch zwischen den Kiefern hindurch bis an das Seeufer manövrierte", um dort

sein Faltboot mit Außenbordmotor ins Wasser zu lassen, „wäre ein Fall für den Roten Hahn gewesen."
Seit 1954 war Hanns Krause Mitglied des Schriftstellerverbandes der DDR, 1965 erhielt er einen Kinder- und Jugendbuchpreis des Ministeriums für Kultur der DDR.
Lori Ludwig debütierte als Lyrikerin 1954 mit dem Band „Geliebtes Land (gemeinsam mit Günther Deicke und der Hohen Neuendorferin Margarete Neumann). Es folgten die Gedichtbände „Gesang des Herzens" (1955) und „Viola d'Amore" (1963 in Karlsruhe erschienen).

Das Lied „Neuglobsow versteckt in den Wäldern" („Wir wandern manche Stunde/zum Fenchelberg hinauf,/hell blinkt dann aus dem Grunde/der See zu uns herauf ...") hat Lori Ludwig zur 200-Jahrfeier Neuglobsows 1954 verfasst; vertont wurde es vom Hallenser Lehrer Kurt Wolf.

Aus ihrer politischen Einstellung machte sie keinen Hehl, sie verbeugte sich in ihren Versen vor Lenin und Stalin und sang Loblieder auf die sozialistische Landwirtschaft („Jung ist Hilde. Ihre braunen/Hände lenken die Combine./Ringsum herrscht ein großes Staunen,/zieht in unsern Dörfern ein.") und auf die Atomkraft (das Kernkraftwerk Rheinsberg wurde ab 1960 auf einer Landzunge am Stechlinsee errichtet und ging 1966 in Betrieb). Am schönsten, wahrhaftigsten sind ihre Natur- und Liebesgedichte, hier schien sie ganz bei sich zu sein.
Später verfasste sie ebenfalls Kinder- und Jugendbücher, u. a. „Annette und ich" (1964), „Neuer Vater unerwünscht" (1969) und „Von einem der auszog berühmt zu werden" (1976), eine Erzählung um den dänischen Dichter Hans Christian Andersen.
1970 wurde sie mit der Johannes-R.-Becher-Medaille – Becher war einer ihrer ersten Förderer gewesen – in Silber ausgezeichnet.
Eine Sonderstellung in ihrem Werk nimmt der frühe Roman „Unruhe um Käte Born" ein. Lori Ludwig hatte den mit einem Stipendium verbundenen Auftrag angenommen, einen Roman über

die Bildung einer der ersten Landwirtschaftlichen Produktionsgenossenschaften (LPG) in der DDR zu schreiben. Eine große künstlerische Herausforderung für die Lyrikerin, zumal Erwin Strittmatter mit seinem Roman „Der Ochsenkutscher" (1950) und insbesondere mit „Tinko" (1954) hohe Maßstäbe gesetzt hatte, was die literarische Gestaltung der gesellschaftlichen Veränderungen in der Landwirtschaft des Landes betraf. Nach dem Erscheinen des Romans 1955 warf man ihr „willkürliche Konstruktion von Charakteren und Handlung" sowie eine „plumpe Sprache" vor. Andererseits gibt es viele Stellen in dem Buch, die bezeugen, dass sich die Verfasserin im Leben ihrer Figuren auf dem Land sehr gut auskannte.

Das einzige Buch, das nach 1990, nach dem Ende der DDR, von ihr erschien, war „Der Traktorist gibt Gas" (Linden Verlag Potsdam 2003), eine Auswahl ihrer Gedichte mit einer Einleitung in Leben und Werk von Joachim J. Scholz. Der Herausgeber hat auch eine Homepage für die Autorin (www.lori-ludwig.de) eingerichtet.

In Fesseln

Es ist mein Fluch, daß ich in Träumen lebe,
aus denen keine Tür ins Freie führt,
daß ich den Vorhang nicht vom Fenster hebe
und meiner Sehnsucht fremde Namen gebe,
sobald ihr dunkler Sang mein Herz berührt.

Ich weiß um Früchte, die sich köstlich runden,
der Hand entgegen drängend, die sie pflückt.
Ich weiß um jenen süßen Quell der Wunden
und gehe doch in Fesseln durch die Stunden,
die Eros hoffnungsselig für mich schmückt.

1963

Zwei Bücher schrieb das märkische Schriftstellerehepaar gemeinsam: „Die Jungen aus der Grützebartstraße" (1958) und „Brückmanns aus dem zweiten Stock" (1962).
Lori Ludwig verstarb 1986 in Fürstenberg an einem Krebsleiden, Hanns Krause 1994 in Neuglobsow. Sie liegen auf dem Friedhof in Neuglobsow begraben.
Das Andenken an die beiden Schriftsteller wird im Ort hochgehalten, 2016 wurde eine Ausstellung über sie im Stechlinsee-Center gezeigt, und seit Ende 2016 gibt es im Ort den Hanns-Krause-Weg. Die Benennung einer Straße oder eines Weges nach Lori Ludwig ist geplant, auch wenn eine Lori-Ludwig-Straße bereits existiert: in ihrem Geburtsort Himmelsberg.

Theodor Fontane (1819-1898), der rastlose märkische Wanderer, war auch im Norden des heutigen Landkreises Oberhavel unterwegs. Im ersten Teil seiner „Wanderungen durch die Mark Brandenburg", „Die Grafschaft Ruppin", der 1862 erstmals erschien und mit 6.000 verkauften Exemplaren sein größter Bucherfolg zu Lebzeiten wurde (bei sechs Auflagen bis 1896), finden wir Abschnitte über Zernikow, über den Menzer Forst und den Großen Stechlin sowie über Gransee. Schloss und Kirche Meseberg werden im Porträt des „Major von Kaphengst" gestreift.
„Zernikow" ist Ende August 1861 entstanden – wenige Wochen übrigens, nachdem Achim von Arnims Bruder Karl Otto Ludwig, genannt „Pitt", (im Februar) gestorben und in der Familiengruft der Kirche beigesetzt worden war. Im Mittelpunkt des Kapitels stehen allerdings nicht die Brüder von Arnim, die in Zernikow von 1781 bis 1798 bei ihrer Großmutter Caroline von Labes aufwuchsen, sondern Michael Gabriel Fredersdorff, der 1740 das Gut von Friedrich II., dessen Kammerdiener er war, urkundlich überschrieben bekam und es bis zu seinem Tod 1758 bewirtschaftete.

Ob Fontane tatsächlich in Zernikow war oder sich über die Gegebenheiten dort berichten ließ, ist nicht mehr eindeutig nachweisbar. Zwar führten ihn 1859 und 1861 die ersten beiden seiner „Ruppiner Ausflüge" in diese Gegend, aber aufgelistet werden, selbst in den detailliertesten Anmerkungsapparaten, seine Aufenthalte nur in Rheinsberg, in Neuruppin, seiner Geburtsstadt, und in deren Umgebung (die beiden Orte nehmen auch den meisten Platz in dem „Wanderungs"-Band ein).
Die Lebensgeschichte des „Major von Kaphengst" ist Teil des Abschnittes über den „Rheinsberger Hof von 1786 bis 1802", den Fontane dem ursprünglichen „Rheinsberg"-Kapitel 1861 anfügte. Christian Ludwig von Kaphengst war ein Günstling des Prinzen Heinrich, des Bruders Friedrich II., der in Rheinsberg residierte. 1774 bekam er vom Prinzen Schloss Meseberg am Huwenowsee geschenkt und bewohnte es bis zu seinem Tod 1800. Fontane widmete ihm, dem Schloss und seiner Lage, eine seiner typischen stimmungsvollen Landschaftsbeschreibungen: „Wie ein Zauberschloß liegt es auch heute noch da. Der Reisende, der hier über das benachbarte Plateau hinfährt, dessen öde Fläche nur dann und wann ein Kirchturm oder ein Birkengehölz unterbricht, ahnt nichts von der verschwiegenen Talschlucht an seiner Seite, von der steil abfallenden Tiefe mit Wald und Schloß und See. Dieser letztere, der Huwenow-See geheißen, ist eines jener vielen Wasserbecken, die sich zwischen dem Ruppinschen und dem Mecklenburgischen hinziehen und diesem Landstriche seine Schönheit und seinen Charakter geben. Unbedingte Stille herrscht, die Bäume stehen windgeschützt und rauschen leiser als anderswo, das Geläute der oben weidenden Herde dringt nirgends bis in die Tiefe hinab, und nichts vernehmen wir als den Schnitt der Sense, die neben uns das Gras mäht, oder den Ruck, womit der Angler die Schnur aus dem Wasser zieht."
Schloss Meseberg existiert heute noch, es ist seit 2007 Gästehaus der Bundesregierung.

Auch die „alte, äußerlich sehr unscheinbare" Kirche besichtigt und beschreibt Fontane und findet sie „in ihrer Art nicht minder interessant als das Schloß".

Das Kapitel „Gransee" wurde zum ersten Mal in der dritten Auflage der „Grafschaft Ruppin" 1875 abgedruckt. Entstanden ist es zwischen Oktober 1873 und dem Frühjahr 1874 nach einer weiteren „Ruppin-Reise", die Fontane vom 16. bis 29. September 1873 in den Ort führte. („Von Lindow kommend, fahren wir jetzt Gransee, der östlichsten Stadt der Grafschaft, zu.")

Der Wanderer besichtigte zunächst die Warte, einen ca. fünfzehn Meter hohen Rundturm aus Feldsteinen und Backstein auf dem Wartberg im Granseer Stadtwald. „... von fernher einem modernen Fabrikschornsteine nicht unähnlich, bis man im Näherkommen den bedeutenderen Durchmesser erkennt", so beschreibt er das Bauwerk aus dem 14./15. Jahrhundert, das heute noch steht und als letzter erhaltener „klassischer" Wartturm in Brandenburg gilt.

Nachdem man das Waldemar-Tor, ein altes Stadttor neben dem später errichteten stattlichen Ruppiner Tor, passiert hatte, „lärmte unser Wagen die Hauptstraße hinauf" ins Zentrum der Stadt hinein, wo sich die „beiden vorzüglichsten Sehenswürdigkeiten" befanden und, wie die Warte und das Tor, heute noch befinden: die Marienkirche und das von Karl Friedrich Schinkel entworfene, 1811 enthüllte Luisen-Denkmal.

Die preußische Königin Luise war 1810 in Hohenzieritz nördlich von Neustrelitz gestorben und ihr Leichnam in einem tagelangen Trauerzug nach Berlin überführt worden. „An der Stadtgrenze von Gransee, bei der sogenannten Baumbrücke, wurde der Zug von den städtischen Behörden empfangen und auf jenen oblongen Platz geleitet, der jetzt den Namen ‚Luisen-Platz' führt", berichtet Fontane. „Das Luisen-Denkmal zu Gransee hält das rechte Maß: es spricht nur für sich und die Stadt und ist rein persönlich in dem Ausdruck seiner Trauer. Und deshalb rührt es."

Nach der Besichtigung der Marienkirche – „die von keiner in der Grafschaft übertroffen wird" – findet Fontane „gegen Abend hin und bei niedergehender Sonne" noch Gelegenheit, einen Rundgang um Gransee zu machen. Hier „erschließt sich einem die ganze landschaftliche Lieblichkeit einer kleinen märkischen Stadt", wird er fast lyrisch. „Nach der einen Seite hin, in breiter Fläche, Wasser, Wald und Wiese, nach der andern aber, im Schatten alten Mauerwerks, eine stattliche Reihe von Blumenbeeten und, eingeschoben in diese, jener von weißen und schwarzen Kreuzen überragte Garten [der Friedhof der Stadt], der beflissen ist, uns mit Fliederduft und Vogelsang über die Bitterkeit des Scheidens hinwegzutäuschen."

Fontane machte, mehr oder minder freiwillig, im darauffolgenden Jahr in Gransee noch einmal Station. In einem Brief an seine Frau vom 23. April 1874 schreibt er: „Heute mittag bin ich hier eingetroffen, in der Absicht meine Reise nach Ruppin fortzusetzen. Es ging aber weder Post noch Omnibus, was mir eigentlich lieb war, da es mich zwang hier auszuspannen. Mein Gransee-Kapitel hat nämlich verschiedene Lücken, die auszufüllen immer mein Wunsch war. Dazu erbot sich nun gegen Erwarten die Gelegenheit. Ebenso willkommen war die absolute Ruhe und Einsamkeit ..."

Regelrecht verzaubert wurde der Schriftsteller aber von einem See, dem Großen Stechlin, den er ebenfalls auf der 1873er Ruppin-Reise kennenlernte. Nachdem er, auf einem „Pürschwagen" sitzend – die „Wanderungen" wurden zumeist mit Fuhrwerken bewerkstelligt – und in Begleitung eines ortskundigen Führers eine Weile durch einen „prächtigen Wald", den Menzer Forst, gefahren war, „wurde plötzlich, zwischen den Stämmen hin, eine weite Wasserfläche sichtbar, darauf hell und blendend fast die späte Nachmittagssonne flimmerte. ‚Das ist der Stechlin', hieß es. Und im nächsten Augenblick sprangen wir ab und schritten auf ihn zu. [...] Da lag er vor uns, der buchtenreiche See, geheimnisvoll, einem Stummen gleich, den es zu sprechen drängt. Aber die ungelöste Zunge weigerte ihm den Dienst, und was er sagen will, bleibt ungesagt. [...] Und nun setzten wir uns an den Rand eines Vorsprungs und horchten in die Stille. *Die* blieb, wie sie war: kein Boot, kein Vogel; auch kein Gewölk. Nur Grün und Blau und Sonne."

Der Führer und „Gastfreund" – der Unternehmer Alexander Gentz aus Neuruppin – begann nun zu erzählen, warum der Stechlinsee kein gewöhnlicher See war. „Er ist einer von den Vornehmen, die große Beziehungen unterhalten. Als das Lissabonner Erdbeben war, waren hier Strudel und Trichter, und stäubende Wasserhosen tanzten zwischen den Ufern hin. [Am 1. November 1755 zerstörte ein schweres Erdbeben zwei Drittel der portugiesischen Hauptstadt, 30.000 bis 100.000 Menschen verloren ihr Leben. Das Ereignis war nach J. W. Goethes Worten von „großem Effekt in der kultivierten Welt".] Und Launen hat er, und man muß ihn ausstudieren wie eine Frau. Dies kann er leiden und jenes nicht, und mitunter liegt das, was ihm schmeichelt, und das, was ihn ärgert, keine Handbreit auseinander. Die Fischer, selbstverständlich, kennen ihn am besten. *Hier* dürften sie das Netz ziehen, und an seiner Oberfläche bleibt alles klar und heiter, aber zehn Schritte weiter will er's nicht haben, aus bloßem Eigensinn, und sein Antlitz runzelt und verdunkelt sich, und ein Murren klingt herauf. Dann ist es Zeit, ihn zu meiden und das Ufer aufzusuchen. Ist aber ein Waghals im Boot, der's ertrotzen will, so gibt's ein Unglück, und der Hahn steigt herauf, rot und zornig, der Hahn, der unten auf dem Grunde des Stechlin sitzt, und schlägt den See mit seinen Flügeln, bis er schäumt und wogt, und greift das Boot an und kreischt und kräht, daß es die ganze Menzer Forst durchhallt von Dagow bis Roofen und bis Altglobsow hin."

Die Reisenden passierten auch die „Globsower Glashütte" (Neuglobsow) mit den „Wohn- und Arbeitshütten in der schattigen Allee" (heutige Stechlinseestraße), die „zur Ladestelle hinunterführte." Hier, wusste der märkische Wanderer, wurde ein „weitverzweigter Handel mit Retorten und Glaskolben getrieben."

Das Kapitel „Der Menzer Forst und der Große Stechlin" erschien, wie „Gransee", zum ersten Mal in der Buchausgabe der „Grafschaft Ruppin" in der dritten Auflage 1875. Fontane fand insbesondere die Fahrt durch den Wald zum See „unvergesslich schön", wie er noch viele Jahre später (1887) in einem Brief an Alexander Gentz schreibt. „An diese Tage knüpfen sich die besten Kapitel meiner ‚Wanderungen'".

Seine Kenntnisse, die er auf den Ruppiner Reisen sammelte, benutzte der Autor auch als Fundament für seinen letzten großen Roman „Der Stechlin", an dem er seit 1895 arbeitete.

„Im Norden der Grafschaft Ruppin, hart an der mecklenburgischen Grenze, zieht sich von dem Städtchen Gransee bis nach Rheinsberg hin (und noch darüber hinaus) eine mehrere Meilen lange Seenkette durch eine menschenarme, nur hie und da mit ein paar alten Dörfern, sonst aber ausschließlich mit Förstereien, Glas- und Teeröfen besetzte Waldung. Einer der Seen, die diese Seenkette bilden, heißt ‚der Stechlin'", so beginnt die Erzählung von dem Major a. D. Dubslav von Stechlin, der seit dreißig Jahren allein mit seinem alten Diener Engelke in einem alten Herrenhaus, „Schloss Stechlin" genannt, im Dorf Stechlin am Stechlinsee lebt.

Der See, „trotzdem er nur zu Anfang und zu Ende vorkommt, ist das Leitmotiv" des Romans, besitzt er doch, wie Fontane spätestens seit seinem ersten Aufenthalt dort weiß, „die Besonderheit, mit der zweiten Welt draußen in einer halb rätselhaften Verbindung zu stehen, und wenn in der Welt draußen ‚was los ist', wenn auf Island oder auf Java ein Berg Feuer speit und die Erde bebt – wie vor hundert Jahren in Lissabon –, so macht der ‚Stechlin', klein und unbedeutend wie er ist, die große Weltbewegung mit und sprudelt und wirft Strahlen und bildet Trichter. Um dies – so ungefähr fängt der Roman an – und um *das* Thema dreht sich die ganze Geschichte." (Aus Briefen von Fontane 1896/97)

„Der Stechlin" besitzt in der Tat nicht das, was man eine spannende, abwechslungsreiche Handlung nennt – „Zum Schluß stirbt ein Alter und zwei Junge heiraten sich, das ist so ziemlich alles, was auf 500 Seiten geschieht." –, seine Faszination geht vielmehr von der Art und Weise aus, wie sich die Personen unterhalten. Oder, wie Fontane selbst sagt, „alles Plauderei, Dialog, in dem sich die Charaktere geben und mit ihnen die Geschichte. Natürlich halte ich dies nicht nur für die richtige, sondern sogar für die gebotene Art, einen Zeitroman zu schreiben, bin mir aber gleichzeitig nur zu sehr bewußt, daß das große Publikum sehr anders darüber denkt."

Während der Stechlinsee in Wirklichkeit existiert, sind Schloss und Dorf Stechlin im Buch erfunden. Die einen vermuten, dass Neuglobsow für letzteres als Vorbild diente („Ein langgestrecktes Dorf ..., etwa hundert Häuser und Hütten bilden hier eine lange, schmale Gasse."), andere gehen vom benachbarten Dagow aus. Keine zwei Meinungen findet man allerdings darüber, dass in Kloster Wutz, einem weiteren Handlungsort, in dem Adelheid, die Schwester des alten Dubslav von Stechlin als Domina lebt, Lindow bzw. Kloster Lindow (heute Ostprignitz-Ruppin) beschrieben ist.

Die Buchausgabe des „Stechlin", die im Spätherbst 1898 im Verlag seines Sohnes Friedrich Fontane erschien, erlebte Theodor Fontane nicht mehr, er starb am 20. September des Jahres.

Am 1. Januar 1984 hängt der Haussegen schief in Schulzenhof bei **Eva Strittmatter** (1930-2011) und **Erwin Strittmatter** (1912-1994), dem schreibenden Ehepaar. Szenen spielen sich ab, die sich die beiden Schriftsteller nicht dramatischer hätten ausdenken können. Erwin Strittmatter spricht in seinem Tagebuch von einem Silvester, „den ich in den Jahren, die ich noch lebe, nicht vergessen werde", und für Eva Strittmatter war „unser dreißigstes Weihnachten und Silvester in Schulzenhof das schlimmste, das wir je hatten." (Brief vom 11. Januar 1984)

Zu Besuch war – neben dem Sohn Matthes – in diesem Jahr eine junge Frau aus Berlin, die Grafikerin und Zeichnerin G. (Gisela) Ruth Mossner (geb. 1947), die Erwin Strittmatters Bücher „Tinko" und „Zirkus Wind" illustriert hatte und die beide Strittmatters bislang sehr schätzten und mochten.

Was jedoch „eine stille Silvesterfeier hätte werden sollen", wurde „eine gegenseitige Belagerung", und Eva Strittmatter verwandelte sich innerhalb kürzester Zeit von einer „schwärmerischen Verehrerin" der Künstlerin zu ihrer „ärgsten Feindin" (alle Zitate, wenn nicht anders gekennzeichnet, aus Strittmatter, Erwin: „Der Zustand meiner Welt. Aus den Tagebüchern 1977-1994", Aufbau Verlag 2014).

Anderthalb Jahre zuvor, am 17. September 1982, waren die Schulzenhofer der jungen Berlinerin zum ersten Mal begegnet – während einer öffentlichen Signierstunde des Reclam-Verlages in Leipzig. „Biggi Mossner. Der Name, den ich in der letzten Zeit des öfteren nennen hörte, wurde mir überraschend zum Menschen", notierte Erwin Strittmatter in seinem Tagebuch. „Sie hat meine Erzählung ZIRKUS WIND für den Reclam-Geburtstagsband illustriert. Sehr märchenhaft und rauschhaft in den Farben, die Figuren – mir weniger verständlich und weniger sympathisch – alle mit den Physiognomien von Mäusen."

Lebensdaten Erwin Strittmatters

1912 in Spremberg als Sohn eines Bäckers und Kleinbauern geboren, aufgewachsen in Bohsdorf bei Spremberg
1924-1930 Besuch des Gymnasiums in Spremberg
1930-1932 Bäckerlehre, danach Bäckergeselle, Kellner, Tierpfleger
1941-1945 bei der Ordnungspolizei, im Polizeigebirgsjägerregiment 18 an Einsätzen in Slowenien, Finnland u. Griechenland beteiligt

Nach dem Zweiten Weltkrieg Arbeit als Bäcker, Amtsvorsteher und Zeitungsredakteur bei der „Märkischen Volksstimme" in Senftenberg
1952-1954 Assistent bei Bertolt Brecht am Berliner Ensemble
1954 Erwerb des Grundstücks in Schulzenhof im Ruppiner Land (bis 1990 Kreis Gransee im Bezirk Potsdam, bis 1993 Landkreis Gransee, seit 1993 Landkreis Oberhavel im Land Brandenburg), seitdem Arbeit als Schriftsteller und Pferdezüchter
Seit 1956 in dritter Ehe mit Eva Strittmatter verheiratet, drei gemeinsame Söhne, vier Söhne aus den beiden ersten Ehen (Ulf, Knut, Uwe, Thomas), ein Adoptivsohn aus Eva Strittmatters erster Ehe (Ilja)
1976 u. 1984 Nationalpreis I. Klasse der DDR für das Gesamtwerk
1988 Ehrenbürger des Kreises Spremberg
1994 in Schulzenhof gestorben und beigesetzt
1996 Umbenennung des Spremberger Gymnasiums in Erwin-Strittmatter-Gymnasium
2005 Umbenennung des Gymnasiums in Gransee nach ihm und Eva Strittmatter in Strittmatter-Gymnasium

Allerdings betrachtete er sie anfänglich mit erheblicher Skepsis, war doch ihre Affäre mit dem westdeutschen Politiker Klaus Bölling, Leiter der Ständigen Vertretung der Bundesrepublik Deutschland in der DDR, gerade erst beendet und noch in aller Munde. Als Bölling als Regierungssprecher nach Bonn wechselte, folgte Ruth Mossner ihm, kehrte aber bald in die DDR zurück. „Wie auch immer", fuhr Strittmatter am nächsten Tag in seinen Aufzeichnungen fort, „diese Frau sass nun neben uns und gehörte für zwei Tage zu mir. Sie war meine Illustratorin."
Recht schnell aber begann er sich für sie zu erwärmen, er beobachtete sie und machte sich Gedanken. „Die Mossner ist ein elfisches Wesen. [...] Sie ist sadistisch, ohne zu wissen, was das

ist, intelligent, ohne es zu wissen, naiv, ohne es zu wissen und vor allem eine Frau mit grossem Talent, wenn nicht Genie."
Insbesondere die Art, wie sie sich kleidete, imponierte ihm. „Die Mossner geht in einem halblangen Kleid, engen (auf alt zugerichteten) Jeans, die Zöpfe aus schwarzem orientalisch-drahtigem Haar hinten zu einer Schaukel geflochten, umher. Über die Schulter trägt sie eine Leinentasche von der Grösse eines mittleren Koffers."
Anfang Dezember 1982 wurde die Zeichnerin nach Schulzenhof eingeladen. „Die Mossner, die zierliche Hexe, Elfe, Nymphe, Nymphomanin war das erste Mal bei uns. Es können, wie es aussieht, mehr Male werden. [...] Schafwoll-Strümpfe über die Hosenbeinlinge gezogen, Schnürsandalen und eine schwarze Kutte im Stil eines Hirtenmantels. So flattert sie auf mich zu und umarmt mich, küsst mir die Backe beim Kommen und beim Gehen. Ich habs nicht anders erwartet, obwohl wir uns das zweite Mal im Leben sahen."
Auch Eva Strittmatter hatte die neue Bekanntschaft schnell ins Herz geschlossen. „Eva hat sich ihr so rasch und so heftig zugewandt, wie ich es bisher nicht erlebte. Sie kann sonst etwas anstellen, ich werde ihr alles verzeihen, sagt Eva." (Tagebuch Erwin Strittmatter 10. Januar 1983)

Lebensdaten Eva Strittmatters

1930 als Eva Braun in Neuruppin geboren
1947-1951 Abitur und Studium Germanistik an der Humboldt-Universität in Berlin
1950 erste Ehe, **1951** Sohn Ilja geboren
1951-1953 Mitarbeiterin beim Deutschen Schriftstellerverband der DDR und bei der Zeitschrift „Neue Deutsche Literatur"
1953/54 Lektorin im Kinderbuchverlag Berlin
Seit 1954 freischaffende Schriftstellerin

Seit 1952 Partnerin von Erwin Strittmatter, **1956** Heirat, mit ihm drei weitere Söhne (Erwin, Matthes, Jakob)
1975 Heinrich-Heine-Preis
1987 Nationalpreis der DDR für Kunst u. Literatur II. Klasse
2008 Ver.di-Literaturpreis Berlin-Brandenburg
2010 Verdienstorden des Landes Brandenburg
lebte **seit 1957** in Schulzenhof, dort **2011** gestorben und an der Seite ihres Mannes beigesetzt

Ende November 1983 besuchte das Schriftstellerehepaar Ruth Mossner, die im Strittmatterschen Tagebuch inzwischen zur „bittersüßen Island-Elfe Gigi" mutiert war, zum ersten Mal in ihrer Wohnung in Berlin. „Ich bin sogleich in ihrer Wohnung zu Hause", vertraut Erwin Strittmatter am 23. November seinem Tagebuch an. „Das geschieht mir wohl das dritte Mal im Leben. [...] Das will schon was heissen, und da ist Hexerei hinter. Muss ich mich hüten? Noch fällts mir nicht schwer."

Beim nächsten Besuch aber, am 21. Dezember, ist der gestandene Mann bereits verhext. Er schildert in seinem Tagebuch einen Abend, „an dem es so geistreich zuging, wie ich es lange nicht erlebte, und lange habe ich nicht so innig gelacht wie über die Spässe und die Schlagfertigkeit dieses Kobolds. Da Eva gleichermassen entzückt von der Hexe ist (es sogar früher war als ich), dürfte keine Missbilligung aufkommen. Und wenn? Sollte ich meine Freude und mein Gefallen an der Hexe dann verstecken? Ich, der ausgebrannte Mann?"

An jenem Jahreswechsel 1983/84 in Schulzenhof schlug die Stimmung jedoch plötzlich um. Eva Strittmatter war auf die junge Berlinerin eifersüchtig geworden oder Erwin Strittmatter bildete es sich zumindest ein; in seinem Tagebuch liest es sich jedenfalls so: „Es widerstrebt mir zunächst, niederzuschreiben, was ich am Morgen dieses Tages erfuhr. Da ich nicht annehmen kann, dass es erlogen war, was mir da übermittelt wurde, warte ich ab. [...] Zwar wollte mein Jähzorn sogleich explodieren, doch ich

bezähmte mich, und ich schaffte es. [...] Ich bin reinen Herzens. [...] Wo steht geschrieben, dass es Sünde und verboten ist, einen Menschen gern zu sehen, mit dem man nicht gesetzlich verehelicht ist?"
Eva und Matthes Strittmatter weigerten sich, so das Tagebuch weiter, Ruth Mossner mit dem Auto zur S-Bahn nach Oranienburg zu fahren. Es musste ein Taxi gerufen werden. „Bis die Zeit heran war, sassen R. und ich noch in den Ledersesseln in meiner Arbeits-Stube. Zwischendrein wurden wir von Eva urplötzlich kontrolliert. Alles war sehr erniedrigend. [...] Schließlich fuhr R. ab. Mir tat sie leid. Zeitchen verging, da rief sie von daheim an. Das wurde mir mit zusammengepressten Zähnen mitgeteilt. Am Abend rief sie abermals an und gab die Marke einer bestimmten Zahnpasta durch, die Eva wissen wollte. R. wusste nicht, dass sie sie einer Frau durchgab, die sich inzwischen von einer schwärmerischen Verehrerin zu ihrer ärgsten Feindin verwandelt hatte. Das Leben, das Leben!"
Am 2.1. drohte Eva Strittmatter, Schulzenhof zu verlassen, sie hatte unter den Postsachen einen Brief von ihrem Mann an Ruth Mossner gesehen. „Die Luft im Haus ist gelb und giftig von der Eifersucht", vertraut Erwin Strittmatter am 3.1. dem Tagebuch an. „Verdächtigungen schweben umher. Ich schweige. Es scheint mir ratsam. Am Nachmittag stand Evchen [...] auf und machte sich reisefertig. Denkst du wohl, ich habe Spass gemacht? sagte sie mir. [...] Von diesem Augenblick an kann ich nicht mehr sachlich schildern, was alles geschah. Schwarze Flecken in meinem Bewusstsein."
Der Schriftsteller rannte – laut Tagebuch – aus dem Haus in der Absicht, sich umzubringen. Seine Frau schnitt ihm den Weg ab und versuchte, ihn „zu versöhnen. Sie sagte mir allerlei Angenehmes. Eine Weile war ich wieder daheim auf meiner Arbeitsstube, schluchzte und weinte."

Nachdem er sich jedoch abermals „Beschuldigungen anhören musste, die sich auf R. bezogen, […] rannte ich wieder in die Wälder. Es erschien mir möglich, mich in meinem pelzgefütterten Ledermantel im Tietzen-See zu ertränken. […] Was mich wirklich aufhielt, weiss ich nicht. Ich irrte durch die Wälder, sass in alten Schützenlöchern. […] Sie suchten mich mit dem Auto und Taschenlampen, suchten mich anderthalb Stunden und leuchteten alle Wege und Schneisen ab."
Der Hund fand ihn schließlich. „Sie schleppten mich ab. […] Evchen machte mir viele gute Versprechungen. Ich soll mein Leben nicht wegwerfen, soll schreiben, was ich noch zu schreiben habe, und alles, was ich sonst tue, wird gebilligt werden, wird recht und richtig sein. Es gehe um die Kunst, ums Werk, versichert sie."

Werke von Erwin Strittmatter (Auswahl)

1950 Ochsenkutscher (Roman)
1953 Katzgraben (Komödie)
1954 Tinko (Roman)
1957, 1973, 1980 Der Wundertäter I-III (Roman)
1959 Pony Pedro (Kinderbuch)
1963 Ole Bienkopp (Roman)
1966 Schulzenhofer Kramkalender
1967 Die Holländerbraut (Schauspiel)
1970 Ein Dienstag im September. 16 Romane im Stenogramm
1971 3/4hundert Kleingeschichten
1977 Meine Freundin Tina Babe
1981 Selbstermunterungen (Kurzprosa)
1982 Wahre Geschichten aller Ard(t)
1983, 1987, 1992 Der Laden I-III (Roman)
1985 Grüner Juni (Erzählung)
1995 Vor der Verwandlung, hrsg. von Eva Strittmatter

Wie ging's weiter in Schulzenhof nach dem unruhigen, geradezu dramatischen Jahreswechsel? Verlief das Leben wieder in den gewohnten Bahnen, was bedeutete, dass Erwin Strittmatter sich in erster Linie seinem Werk widmen konnte – er arbeitete damals gerade am zweiten Teil seiner Trilogie „Der Laden", Arbeitstitel „Die Kleinstadt" – und seine Frau Eva sich um den Haushalt, die Söhne und die vielen Gäste kümmerte und *nebenbei* dichtete?
Ja und Nein. Erwin Strittmatters Flirt (um einen der zahlreichen in Frage kommenden Ausdrücke zu wählen) mit G. Ruth Mossner war ohnehin nur der Anlass für die Spannungen gewesen (Strittmatter spricht in diesem und in anderen Zusammenhängen von „Spannungsfeldern"), die Ursachen lagen tiefer.

Schulzenhof gehörte ursprünglich zum Gut Zernikow. 1928 wurde es nach Dollgow eingemeindet. Nach dem Zusammenschluss der Gemeinden Menz, Dollgow und Neuglobsow im Jahr 1998 zur Gemeinde Stechlin gehört Schulzenhof heute als Ortsteil zur Gemeinde Stechlin. 2007 umfasste der Ort sieben Häuser und siebzehn Einwohner. Erwin Strittmatter kaufte sein Haus 1954 vom Preis seines ersten Nationalpreises für das Stück „Katzgraben".

Erwin Strittmatter und Eva Braun hatten sich 1952 kennen gelernt. Er war damals bereits ein gestandener Schriftsteller, sein Debüt-Roman „Ochsenkutscher" hatte zwei Jahre zuvor viel Anerkennung gefunden, und unter der Anleitung von Bertolt Brecht bereitete er gerade die Aufführung seines Stückes „Katzgraben" vor. Sie, die 18 Jahre jüngere, hatte noch keine Zeile veröffentlicht, aber ihre große Stärke war, sich in den Schreibprozess anderer hineinzuversetzen, das Wesen eines literarischen Textes zu erfassen, Anmerkungen zu machen, Korrekturen vorzuschlagen, nicht zuletzt den Autor zu ermutigen.
Das fügte sich zusammen, Strittmatter erwartete von Anfang an ihre Mitarbeit und sie konnte ehrlichen Herzens versprechen, dass seine „Arbeit immer der Mittelpunkt unserer Tage und Quelle für unsere Liebe sein würde." (Brief vom August 1952)

Zwar wäre sie lieber in der großen Wohnung am Strausberger Platz in Berlin wohnen geblieben – das Paar besaß sie auch später noch –, aber da Erwin Strittmatter fest entschlossen war, ein Leben als Schriftsteller, Landwirt und Tierzüchter auf dem 1954 erworbenen Grundstück in Schulzenhof bei Dollgow im Kreis Gransee zu führen, blieb ihr kaum etwas anderes übrig, als ihm zu folgen.

Während Erwin Strittmatter in den nächsten Jahren Werk auf Werk folgen ließ – dem Schreiben ordnete er alles unter – und auch repräsentative Aufgaben wahrnahm, zum Beispiel war er 1959/60 1. Sekretär des Deutschen Schriftstellerverbandes – „reichte" es für Eva, obwohl sie freischaffende Autorin war, „nur" zu zwei Kinderbüchern. Ihre Hauptaufgabe sah sie darin, „unbestechliche Kritikerin, Dramaturgin der Romanabläufe und redaktionelle Bearbeiterin" (Annette Leo in ihrer Strittmatter-Biographie) der Texte ihres Mannes zu sein.

Immer aber schrieb sie Gedichte. 1973 erschien ihr erstes Buch „Ich mach ein Lied aus Stille". Bis zu ihrem Tod 2011 folgten fünfzehn weitere Editionen und Sammelbände, darunter auch Prosa und Essays. Sie wurde schließlich eine bekannte Dichterin in der DDR, später (bis heute) im gesamten Deutschland, sie wurde interviewt und zu Lesungen eingeladen, fuhr zu internationalen Dichtertreffen.

Ihre selbständige, zunehmend selbstbewusste Existenz als Dichterin führte zum Konflikt mit ihrer ursprünglichen Aufgabe, dem Werk Erwin Strittmatters zu dienen.

Werke von Eva Strittmatter (Auswahl)

1958 Brüderchen Vierbein (Kinderbuch)
1973 Ich mach ein Lied aus Stille (Gedichte)
1977 Die eine Rose überwältigt alles (Gedichte)
1977, 1990, 1995 Briefe aus Schulzenhof I-III
1980 Zwiegespräch (Gedichte)

1983 Heliotrop (Gedichte)
1983 Poesie und andere Nebendinge
1986 Mai in Piešťany
1988 Atem (Gedichte)
1991 Einst habe ich drei Weiden besungen (Gedichte)
1997 Der Schöne (Obsession) (Gedichte)
2002 Erwin Strittmatter. Eine Biographie in Bildern (Hrsg.)
2002 Liebe und Haß (Gedichte)
2005 Der Winter nach der schlimmen Liebe (Gedichte)
2009 Wildbirnenbaum (Gedichte)
2011 Großmütterchen Gutefrau und ihre Tiere (Kinderbuch)

Beide Schriftsteller überforderte die Situation, die sich immer mehr zuspitzte, sie gerieten in Streit miteinander, es kam zu Enttäuschungen, Missverständnissen bis hin zu Abwehrreaktionen und Hassgefühlen. Anderseits versuchten sie einander zu verstehen, sprachen sich aus, suchten nach Lösungen.

Das spiegelte sich auch in ihren Texten wider, in Eva Strittmatters Gedichten und Briefen, in Erwin Strittmatters Tagebuch. „Die Diskrepanz zwischen meine Existenz als Dichter und der als Hausfrau wird immer größer", klagt sie zum Beispiel in einem Brief vom 6. November 1984, während er nüchtern konstatiert: „Es gibt wieder Spannungen. Ein jeder lebt für sich allein. Eines hält das andere für schuldig. Wieder einmal siehts so aus, als würde es mit dem Eheleben so nicht weitergehen. Die LIEBLICHE zeigt zu oft, dass sie glücklicher wäre, wenn sie in der Stadt und in der Nähe ihre Söhne leben würde, und wenn sie den ALTEN immer weniger und am besten gar nicht mehr umsorgen muss." (Tagebuch vom 2. April 1985)

Im nächsten Jahr, 1985, ist die Aufgabe für Eva Strittmatter, „mit meinem Mann allein in Schulzenhof zu leben", sogar „unüberwindlich" geworden, „Welt und Menschen fehlen mir, wir schränken uns immer mehr ein, verarmen an Beziehungen. Ich sehe keine Zukunft, und das ist tödlich für die Poesie." (Brief vom 25. Januar 1985) Erwin Strittmatter sah das alles ein – „Die LIEBLICHE leidet darunter, dass sie beim durchschnittlichen Leserpublikum unterbewertet wird, weil sie meine Frau ist. Die Leute, auch die Bekannten fragen sie nicht, wie geht es dir, sondern wie geht es dem Meister? Sie fragen nicht: Was schreibst du zur Zeit; sie fragen: Was schreibt der Strittmatter?" (Tagebuch vom 30. März 1986) – aber was sollte er machen, er konnte nur in Schulzenhof schreiben, den zweiten Teil des „Ladens" beenden und den dritten in Angriff nehmen.

Beichte

Immer die gleiche Rose.
Immer das gleiche Gesicht.
Unter wechselndem Monde.
Unter wechselndem Licht.

Immer die gleiche Tollheit.
Immer der gleiche Traum.
Immer noch keine Weisheit.
Immer noch nicht: wie ein Baum.

Aus: „Ich mach ein Lied aus Stille" 1973

Die Lösung gibt es nicht, sie wird bis zum Ende ihres Zusammenlebens – mit Erwin Strittmatters Tod 1994 – nicht gefunden werden, im Gegenteil, Eva Strittmatter arbeitete später schonungslos und öffentlich ihre Beziehung in Interviews auf, bekannte sich einerseits zur „unzerreißbaren Gemeinschaft", fand andererseits immer schärfere Worte für ihr „ungleiches Verhältnis, für ihre eigene Bereitschaft, sich vereinnahmen zu lassen, für seine Art, ihre Kräfte zu absorbieren." (Annette Leo)
Und die Bekanntschaft mit G. Ruth Mossner, spielte sie nach jenem Silvester 1983/84 im Leben der drei noch eine Rolle?

Erwin Strittmatter traf die Berliner Illustratorin Anfang 1984 noch zweimal ohne Kenntnis seiner Frau. Bald aber setzte die Sublimierung ein und er sprach von „Trieb" anstelle von „Liebe" und verglich sich mit Lew Tolstoi, in dessen Haus „trotz der Familienkräche ein großes Werk entstand".
Eva Strittmatter machte in einem Brief vom 3. Februar 1984 eine schwere Virusgrippe und das damit verbundene hohe Fieber für die Silvesterspannungen verantwortlich, erklärte jedoch die Anwesenheit der Berlinerin auf der Beerdigung ihres Mannes 1994 für unerwünscht und verwies sie zudem zu Beginn einer Lesung zu seinem 85. Geburtstag in einer Buchhandlung ihres Platzes in der ersten Reihe („Berliner Kurier" 1997).
Ruth Mossner ihrerseits erklärte 2004 gegenüber der Herausgeberin der Tagebücher von Erwin Strittmatter, Almut Giesecke, für sie sei die Begegnung mit Eva und Erwin Strittmatter zu keiner Zeit ein wesentlicher Bestandteil ihres Lebens gewesen und längst erledigt. (Anmerkungen „Tagebücher 1977-1994")

1978, als Clara von Arnim zum zweiten Mal nach ihrer Flucht die DDR besuchte, machte sie auch eine Stippvisite in Schulzenhof, das früher als Zernikower Vorwerk der Familie von Arnim gehörte. Von ihrer ehemaligen Wirtschafterin hatte sie bereits vernommen, dass jetzt der „bekannte Schriftsteller" Erwin Strittmatter dort wohnte. „Die schmale, sandige Landstraße war mittlerweile asphaltiert", berichtet sie 1989 in ihren Erinnerungen „Der grüne Baum des Lebens" über diesen Tag, „aber sonst sah alles noch wie früher aus. [...] Strittmatters hatten zuerst in einem alten Gehöft gewohnt, dann ganz versteckt dahinter ein neues Haus gebaut. Sehr geschmackvoll, mit viel Holz; schöne Blumen davor, ein herrlicher Blick in die Wiesen. Frau Eva Strittmatter war zu Hause und bat mich hinein. In der Halle viele gute, moderne Bilder. In ihrem Zimmer standen ein paar schöne Biedermeiermöbel. Wir unterhielten uns etwa eine Stunde über Schulzenhof und Zernikow gestern und heute, dann schaute ihr Mann kurz herein, in Reitstiefeln, Lederjacke und Mütze, denn er kam von den Pferden. Eine schmale, sportliche Figur, etwa sechzig Jahre alt. Aber es kam nicht mehr zu einem Gespräch mit ihm, ich mußte aufbrechen. Erst beim Abschied verriet mir Frau Strittmatter, daß auch sie eine Anzahl Bücher veröffentlicht habe, und sie schenkte mir eines mit dem Titel *Briefe aus Schulzenhof* und mehrere Lyrikbände."

Aus einer anderen Perspektive schildert **Erwin Berne**r (geb. 1953), der älteste gemeinsame Sohn von Eva und Erwin Strittmatter, in seinen „Erinnerungen an Schulzenhof" das Leben dort.
„Meine Eltern haben das Ihre gesagt, und also sage ich das Meine", kündigte er das Buch (Aufbau Verlag 2016) an. „So einfach ist das – und so schwer."
Berner, der in Berlin geboren wurde und wie sein Vater eigentlich Erwin Strittmatter heißt, wuchs zwischen 1967 – da war er vierzehn Jahre alt – und 1971 in Schulzenhof auf. Zuvor hatte man ihn und seinen Halbbruder Ilja bei der Großmutter in Neuruppin „untergebracht".
Mit achtzehn Jahren brach er gegen den Willen seines Vaters den Besuch der Erweiterten Oberschule in Rheinsberg ab und ging an die Staatliche Schauspielschule in Rostock.
Den Künstlernamen Berner – so lautete der Geburtsname seiner Urgroßmutter – nahm er an, um „unvorbelastet leben und arbeiten zu können."
Erst 1994, nach dem Tod seines Vaters, bekannte er sich öffentlich zu seiner Herkunft.
Er spielte nach „Theatertätigkeiten auf Bühnen in Freiberg, Weimar, Rudolstadt und Neustrelitz" (Wikipedia) in zahlreichen Serien und Filmen des DDR-Fernsehens mit, u. a. in „Adel im Untergang" 1981, „Sonjas Rapport" 1982 und „Altes Herz geht auf die Reise" 1987.
Sein Rückblick auf seine Kindheit in Schulzenhof ist alles andere als verklärt. Wie ein roter Faden durchzieht die Furcht vor dem autoritären Vater, dessen Arbeits- und Lebensrhythmus das Familienleben bestimmte und zersetzte, und die unerfüllte Liebe zur Mutter, die zwischen den Kindern und dem Vater zu vermitteln suchte, letzten Endes aber diejenige war, die das „System Schulzenhof" einführte, die „Erinnerungen".
Was „nach außen wie eine Idylle schien, war für ihn zeitweilig ein Alptraum" (Klappentext), aus dem er sich erst befreien konnte, als er selbst schöpferisch zu arbeiten begann.

Heute lebt Berner als Autor in Berlin und schreibt Stücke, Gedichte, Liedtexte und Prosa.

Mit Eva und Erwin Strittmatter eng befreundet war der Lehrer und Schriftsteller **Alfred Wellm** (1927-2001), der zum Zeitpunkt ihres Kennenlernens 1962 mit seiner Frau Inge nicht weit entfernt von Schulzenhof in Rüthnick im damaligen Kreis Neuruppin, heute Landkreis Ostprignitz-Ruppin, lebte.

„Die Wellms auf Überraschungsbesuch im Leih-Auto", „zu Wellms nach Rüthnick. Gute literarische Gespräche, auch seit langer Zeit wieder einmal ein wenig gesungen", „nachmittags nach Rüthnick zu den Wellms. Ehrliche Freude um den Überraschungsbesuch", heißt es im Tagebuch von Erwin Strittmatter aus dieser Zeit an verschiedenen Stellen. („Nachrichten aus meinem Leben. Aus den Tagebüchern 1954-1973", Aufbau Verlag Berlin 2012)

Alfred Wellm wurde am 22. August 1927 im ostpreußischen Neukrug bei Elbing (heute Polen) als Sohn eines Bäckers und späteren Fischers geboren. Nach der Schulzeit besuchte er ab 1941 eine Lehrerbildungsanstalt in Mehlsack (heute ebenfalls polnisch). Im Januar 1945 wurde er zur Wehrmacht einberufen, nahm jedoch aus gesundheitlichen Gründen nicht mehr an Kampfhandlungen teil.

Nach dem Ende des Krieges, das er in Südwestdeutschland erlebte, war er zunächst Landarbeiter. Nach der Ausbildung zum Neulehrer arbeitete er von 1946 bis 1963 an wechselnden Orten im Schuldienst, u. a. als Direktor der Oberschule in Rüthnick und als Kreisschulrat (1950 war er jüngster Kreisschulrat in der DDR).

In dieser Zeit schrieb er Bücher für Kinder und Jugendliche, von denen das bekannteste „Kaule" (1962) ist. Andere Kinderbücher, an die sich bestimmt der eine oder andere Leser erinnert, sind „Das Mädchen Heika" (1966), „Das Pferdemädchen" (1974), „Karlchen Duckdich" (1977) und „Das Mädchen mit der Katze" (1983).

Mit dem Umzug nach Großmenow bei Fürstenberg 1963 war der Entschluss verbunden, in Zukunft sich ausschließlich dem Schreiben zu widmen und als freischaffender Schriftsteller zu arbeiten. Grund dafür war sicherlich einerseits die eigene Unzufriedenheit mit dem Pädagogendasein in der DDR, andererseits die Absicht, dieser Unzufriedenheit künstlerisch Ausdruck zu verleihen, konkret: einen Roman zu schreiben, der in der Volksbildung spielt.

Großmenow liegt am Ellbogensee im Norden Brandenburgs an der Grenze zu Mecklenburg-Vorpommern. Die einstige preußische Exklave kam 1938 nach Mecklenburg und wurde nachfolgend nach Steinförde eingemeindet. Nach der Verwaltungsreform von 1952 gehörte Steinförde zum Kreis Gransee im Bezirk Potsdam. Seit 1993 ist es Teil des neugebildeten Landkreises Oberhavel. 2003 wurde der Ort nach Fürstenberg/Havel eingemeindet.

Am 28. September 1964 tauchte diese Absicht bzw. dieses Romanprojekt zum ersten Mal im Tagebuch von Erwin Strittmatter auf: „Am späten Nachmittag kam Alfred Wellm mit seiner jüngsten Tochter [Heike Wellm] auf dem Motorrad. [...] Wir redeten auf A. W. ein und bedrängten ihn, seine Lehrergeschichte zu schreiben, weil sie jetzt zu recht käme und aufhorchen lassen würde in dieser allgemeinen Unsicherheit und Unzufriedenheit mit unserem Schulsystem."
„Pause für Wanzka oder die Reise nach Descansar", so hieß der Roman, der bei seinem Erscheinen für großes Aufsehen in der DDR sorgen sollte. Strittmatter, der erfahrene und, was aufsehenerregende Bücher betraf, leidgeprüfte Kollege – er hatte gerade erst nach den kontroversen öffentlichen Diskussionen um seinen „Ole Bienkopp" einen gesundheitlichen Zusammenbruch erlitten – verfolgte die Entstehung des Manuskripts mit Aufmerksamkeit und Sympathie, wie aus seinem Tagebuch nach einem Besuch bei Alfred Wellm in Großmenow ersichtlich ist:
„22. Januar 1965. Wir fuhren den hageren Dichter besuchen, und wir trafen seine schwangere Frau [Inge Wellm] beim Ausmisten

des Pferdestalles; denn der Dichter war krank, hatte die Grippe und lag mit Kopfschmerzen und leisem Fieber im Bett. [...] Wir gingen in's Schlafzimmer des kranken Dichters und Eukalyptusgeruch umwehte uns und der Dichter lächelte müde, doch unüberrascht; denn er hatte uns natürlich längst am kleinen Heiligtum seines Pferdestalles und auf der Treppe und im Arbeitszimmer lärmen hören. Es war gemütlich in dem kleinen Krankenzimmer – dunkelbraune Kachelofengemütlichkeit – und wir sassen in Sesseln und schwätzten quer durch unsere Welt, und der hagere Dichter vergass vielleicht für eine Weile sein Fieber und seine Kopfschmerzen. Der braungelbe Diktierapparat blinzelte vom Nachttisch, behaglich wie uns schien –; denn er hatte ein Romankapitelchen in sein Stirnband eingeritzt. Der hagere Dichter zwinkerte ab und zu zu diesem Apparat hinüber und freute sich über die dort gespeicherte, der Krankheit abgerungene Selbstbestätigung."

Drei Jahre sollte es aber noch dauern, ehe der Roman 1968 erschien bzw. erscheinen konnte. Das lag nicht nur an der langsamen, sorgsamen Arbeitsweise seines Autors, sondern vor allem an den Widerständen, die ihm von „offizieller" Seite entgegengesetzt wurden.

Auch hierzu gibt das Tagebuch von Erwin Strittmatter Auskunft. Er schreibt – am 2. Januar 1968 –, dass die Beamten im Verlag, im Kulturministerium, auch in der Abteilung Volksbildung im ZK (Zentralkomitee) der SED den Roman einander zuschieben würden, ohne eine Entscheidung über die Druckgenehmigung zu fällen. „Alle fürchten beim Gemahl [Erich Honecker] der Volksbildungsministerin [Margot Honecker], der als Nachfolger des Gen. Ulbricht [Walter Ulbricht] vorgesehen ist, in den Fettnapf zu treten und am Ende ihren Sessel loszuwerden. Jetzt warten sie allesamt auf die Rückkehr des Genossen Hager [Kurt Hager, im SED-Politbüro Chefideologe und oberster Kulturverantwortlicher] aus dem Urlaub. Ihm haben sie die Rolle des ‚starken Mannes' zugedacht, der sich mit dem künftigen General-Sekretär der

Partei anlegen soll. Was hat das noch mit Sozialismus zu tun? Man könnte es noch verstehen, wenn Alfreds Roman ein Wort enthalten würde, das unsere Gesellschaftsform oder unsern Staat in Frage stellen würde. Da ist nicht der Fall, aber wir sind jetzt so selbstverliebt (zu unserem Schaden natürlich), dass die leiseste Kritik an irgendeiner unserer Einrichtungen die Beamten des entsprechenden Ministeriums auf den Plan ruft, die diese Kritik zu einem Angriff auf den Staat ummünzen."

Kurioserweise war es Walter Ulbricht, der die Veröffentlichung letztendlich befürwortete, jedoch lediglich, um seinen potentiellen Nachfolger Erich Honecker in die Schranken zu weisen, der ihm zu einflussreich geworden war. Dabei hatte er das Manuskript vermutlich nicht einmal gelesen, denn der Roman stellte das damalige Bildungssystem in Frage.

Wie Alfred Wellm ist der Held des Buches Gustav Wanzka ein Schulrat, der kurz vor seiner Pensionierung noch einmal als Lehrer arbeiten möchte. Er gerät an eine Schule in der kleinen Stadt Mirenberg – eine Kombination aus den beiden südmecklenburgischen Kleinstädten Mirow und Wesenberg, Wellm selbst unterrichtete in Mirow – und beginnt dort einen unkonventionellen Unterricht, der bewusst die Anweisungen von „oben" – die er selbst als Schulrat noch verantwortet hatte – unterläuft.

Zum Beispiel ignoriert er die Leistungen des vorbildlichen Klausgünther, der wie eine Maschine, sprich: wie eine „junge sozialistische Persönlichkeit" funktioniert, und fördert hingegen die offensichtliche mathematische Begabung des Schülers Norbert, der nicht viel von Pflicht und Disziplin hält.

Wanzka beginnt ihm Privatunterricht zu erteilen. Als er Norbert zur Mathematik-Olympiade schicken will, macht ihm das Lehrerkollegium einen Strich durch die Rechnung. Auch darf Norbert, dem sozialistische Persönlichkeiten egal sind, nicht zur Erweiterten Oberschule, Klausgünther hingegen mit seinem Zensurendurchschnitt von 1,0 erhält die Befürwortung der meisten Lehrer. Wanzka resigniert und geht in den Ruhestand.

So der ursprüngliche Schluss, nach Bedenken des Verlages fügte Wellm ein zusätzliches Kapitel an, in dem ein Berliner Mathematik-Professor bei einem Test die Begabung Norberts erkennt und ihn an allen Gremien vorbei auf einer Schule für Hochbegabte unterbringt.

Ein Plädoyer für die freie Einwicklung des Einzelnen also und gegen das lenkbare, gesichtslose Kollektiv. Nicht umsonst liebten und lasen die Leser den Roman – er erreichte bis 1989 eine Auflage von einer Viertelmillion Exemplaren – und fürchteten ihn die Funktionäre. Das Volksbildungsministerium und die „Deutsche Lehrerzeitung" starteten eine Kampagne, die den Autor tief deprimierte und fast zerstörte (seine Ehe scheiterte u. a. in dieser Zeit); die Verfilmung – in der Regie von Vera Loebner, die Hauptrolle spielte Kurt Böwe – konnte erst 1989/90 realisiert werden.

„Für und wider Wanzka"

„Genosse Wanzka hat nicht die kollektive Arbeit als wichtigsten Motor unserer Entwicklung zum Kriterium seiner Arbeit erhoben. Er trägt in seinem Handeln gewisse subjektivistische Züge." M. E., Rostock

„Ich finde, dass zum ersten Mal die Liebe zum Kind, das Lehrer-Schüler-Verhältnis, poetisch verdichtet dargestellt wird. Imponierend war für mich Wanzkas Tatendrang." K. S., Dresden

„Wanzka ist zu sehr Einzelgänger. Im wirklichen Leben ist der sozialistische Lehrer nicht allein. Überall haben sich an unseren Schulen einheitlich handelnde Pädagogenkollektive entwickelt, und durch sie werden junge Sozialisten erzogen." H.-D. G., Demmin

> „Eines aber erreicht Alfred Wellm mit seinem Roman sicher: Als Lehrer sieht man plötzlich kritischer auf sein Kollegium und auf sich selbst – und beginnt zu überlegen, was man eventuell verändern könnte." N. B., Nauen
>
> Aus: Lesermeinungen zu Alfred Wellms Roman „Pause für Wanzka". „Neues Deutschland" vom 10.2.1969

1973 zog Alfred Wellm von Großmenow nach Lohmen bei Güstrow im heutigen Mecklenburg-Vorpommern. Er hatte dort ein altes Niederdeutsches Hallenhaus gekauft, sanierte es und rettete es damit vor dem bereits beschlossenen Abriss.
Die Freundschaft mit den Strittmatters hatte weiterhin Bestand, auch wenn man sich jetzt auf Grund der größeren Entfernung seltener sah. „Alfred bleibt trotz der Spannungen, die es in unserem Verhältnis gegeben hat, einer von den Menschen, denen ich absolut vertraue", notiert Erwin Strittmatter in sein Tagebuch am 4./5. September 1980, und am 26. September 1983: „Eigentlich kann ich mir keine besseren Freunde wie H. K. [Hermann Kant] und Alfred W. wünschen. Freundschaften, die in neidloser Anerkennung literarischer Leistungen ihren Grund haben."
1977 erschien der wiederum autobiographisch gefärbte Roman „Pugowitza oder Die goldene Schlüsseluhr", die Geschichte einer Freundschaft zwischen einem alten Mann und einem zwölfjährigen Jungen. 1987 folgte „Morisco", dessen Hauptfigur, der Architekt Andreas Lenk, sein angepasstes Leben bilanziert und sich den Verrat an seinen Träumen eingestehen muss.
Alfred Wellm war Mitglied des Schriftstellerverbandes der DDR, der Deutschen Akademie der Künste (seit 1978), des P.E.N.-Zentrum der DDR und seit 1998 des P.E.N.-Zentrum Deutschland. Er erhielt 1959 und 1969 den Fritz-Reuter-Preis des Bezirks Schwerin, 1969 den Heinrich-Mann-Preis sowie 1976 einen Nationalpreis.

Dass er nach dem Ende der DDR nichts mehr veröffentlichte, mag auch mit seiner schweren Erkrankung zu tun haben – Spätfolgen eines Motorradunfalls 1967. Erwin Strittmatter spricht in seinem Tagebuch (18.-21. April 1989) davon, dass Alfred Wellm „nie mehr seine Glieder, vor allem die Hände nicht, wird normal gebrauchen" können.

Der Roman „Pause für Wanzka" gehört heute zu den Klassikern der DDR-Literatur; der Verlag Faber & Faber in Leipzig nahm ihn – neben dem „Ole Bienkopp" von Strittmatter und dem „Impressum" von Hermann Kant übrigens – in seine „DDR-Bibliothek" auf, in der er seit 1995 die seiner Ansicht nach besten bzw. interessantesten Werke der DDR-Literatur noch einmal veröffentlichte.

Alexander von Ungern-Sternberg (1806-1868) war ein zu Lebzeiten vielgelesener und von Theodor Fontane sehr geschätzter, wenn auch nicht unkritisch gesehener Schriftsteller. Seine letzten Lebensjahre verbrachte er auf seinem Gut Gramzow bei Dannenwalde, das, damals auf dem Fürstenberger Werder gelegen und damit (bis 1950) zu Mecklenburg-Strelitz gehörend, heute ein Ortsteil von Gransee in Oberhavel ist.

Ungern-Sternberg – Künstlername: Alexander von Sternberg, Pseudonym: Sylvan – wurde auf Gut Noistfer bei Reval (heute Tallinn) im Gouvernement Estland im Russischen Kaiserreich geboren; er entstammte einer deutsch-ungarisch-schwedisch-russischen Adelsfamilie.

Er studierte Kameralwissenschaften (Jura), Philosophie und Literaturgeschichte an der Universität Dorpat (heute Tartu, Estland) und zog 1830 – nach einem kurzen Aufenthalt in St. Petersburg, wo er ein Stipendium zur Ausbildung als Maler erhalten hatte – nach Dresden. Dort machte er die Bekanntschaft Ludwig Tiecks, der einer der angesehensten Schriftsteller Deutschlands war und dessen Novellen nicht ohne Einfluss auf Ungern-Sternbergs Werk blieben.

1841 ließ er sich in Berlin nieder und verkehrte dort mit Karl Gutzkow, Willibald Alexis, Fanny Lewald, Varnhagen von Ense und anderen Künstlern der Berliner literarischen Salons. Auch Ludwig Tieck traf er hier wieder, der im gleichen Jahr von König Friedrich Wilhelm IV. in die Stadt gerufen worden war, sich aus gesundheitlichen Gründen aber mehr und mehr zurückzog.

Im Revolutionsjahr 1848 stand Ungern-Sternberg auf Seiten der Konservativen und schrieb für die königstreue „Kreuzzeitung"; später war er im Auftrag der russischen Gesandtschaft in Berlin Berichterstatter bei der Frankfurter Nationalversammlung und dem Erfurter Parlament.

1850 heiratete er in Dresden Karoline Luise von Waldow. Die letzten Jahre seines Lebens verlebte er mit ihr auf seinem Gut Gramzow, zwischen Gransee und Fürstenberg gelegen, das ihm sein Schwager, der Gutsbesitzer und Kammerherr Franz von Waldow, vermacht hatte. Andere Quellen, wie das „Deutsche Literatur-Lexikon", verorten ihn nach Gramzow in der Uckermark.

Seit einem Jahr verwitwet und laut oben genannten Lexikon geisteskrank, starb er 62jährig im August 1868 während eines Besuches bei seinem Schwager auf dessen Gut in Dannenwalde.

Alexander von Ungern-Sternberg (nicht zu verwechseln mit dem Diplomaten und Dichter Rolf Freiherr von Ungern-Sternberg, der, wenige Jahrzehnte später, mit Rilke korrespondierte) verfasste etwa fünfzig historische und biographische, oft mehrteilige Romane (u. a. „Diana" 1842, „Paul" 1845, „Dorothee von Kurland" 1859, „Peter Paul Rubens" 1862), Novellen („Die Zerrissenen" 1832, „Die beiden Schützen" 1848) und Märchen, gelegentlich war er auch als Zeichner tätig.

Theodor Fontane unternahm wiederholt den Versuch, ihn für den Berliner Dichterverein „Tunnel über der Spree" zu gewinnen, doch Ungern-Sternberg lehnte jedes Mal mit der Bemerkung ab, dass er „als ein gefeierter, jedenfalls ein gern gelesener und gut bezahlter Schriftsteller keine Veranlassung sehe, mir durch einen jungen Studenten oder Kommis mit bewährter deutscher Biedermannsmiene versichern zu lassen, dass meine Novellen nichts taugen."

Seine hohe Meinung von sich selbst und seinem Schreiben – Fontane spricht von einem „grenzenlosen Dünkel" – wird auch in seinen „Erinnerungsblättern" (sechs Teile, 1855-60) deutlich, in denen er „die Mission des wahren Schriftstellers" als „eine ganz gewaltige" beschreibt, die Hand in Hand gehe mit der des Gläubigen und des Reformators auf religiösem Gebiet. „Sie tritt in die Welt, um Führer und Leiter der Menschheit zu sein."

Seine Romane und Novellen sind freilich heute längst vergessen und werden nicht mehr aufgelegt. „Sein Talent war derart, daß er bei mehr Anstrengung und weniger Oberflächlichkeit etwas Hervorragendes hätte leisten müssen", so urteilte Fontane.

Fortgesetzter Beliebtheit hingegen erfreuen sich seine „Schiffersagen" (1837), neu aufgelegt u. a. vom Aufbau Verlag Berlin („Die Seelen der Ertrunkenen" 1991), und vor allem die frivol-witzigen „Braunen Märchen" (1850, später u. d. T. „Moosgrüne Märchen"), die, von den Zeitgenossen ob ihrer eindeutig erotischen Tendenz noch skeptisch betrachtet, heutzutage mehr denn je durch die Fabulierfreude, die hintergründige Ironie und die Charakterisierungskunst ihres Autors überzeugen.

„Es war einmal ein Bäcker, der hatte eine wunderschöne Tochter, die war sechs Jahr alt und hieß Fräulein Adeline Honigkuchen. Man konnte nichts Schöneres sehen als dieses allerliebste Kind. Sie war so fein und zierlich gebaut, als hätte ein Künstler ihr kleine Glieder aus Elfenbein gedrechselt, und der Ausdruck ihres Gesichts war die Unschuld und die Fröhlichkeit selbst. Wenn der Bäcker buk, stand sie gewöhnlich am Troge, und wenn es gerade recht feines Backwerk gab, so teilte der Vater der Tochter etwas von dem Teige mit, und sie fertigte ihrerseits, was sie wollte, Brezeln, Sterne, Blumen, Körbchen, Vögel. Einstmals sagte sie: ‚Nun will ich aber mein Meisterstück machen, damit die ehrliche

> Bäckerzunft sieht, daß ich alle Tage, wenn es mir gefällt, in ihre Reihen treten kann.' – ‚Nun, was wird's denn werden?', fragte der Vater begierig. ‚Ich will mir einen Mann backen', entgegnete das kleine Mädchen ..."
>
> Aus: „Der gläserne Löffel"

Frage: In welcher Stadt ist der Schriftsteller **Sten Nadolny** geboren, der den Bestseller „Die Entdeckung der Langsamkeit" (1983) und viele andere erfolgreiche Bücher schrieb, in Berlin vielleicht, in München? In Zehdenick an der Havel natürlich. Und das kam so:

Nadolnys Großvater, der Botschafter a. D. Rudolf Nadolny (1873-1953), hatte im Frühjahr 1941 das Obstgut Katharinenhof am Meseberger Weg in Gransee gepachtet. Benutzt wurde jedoch nur das Gebäude, das heute noch existiert.

Rudolf Nadolny empfing hier gemeinsam mit seiner Frau Änni viele Besucher, die er aus seiner Zeit als Spitzendiplomat im Deutschen Reich kannte (übrigens auch Clara von Arnim, die Zernikower Gutsbesitzerin). Zuletzt, bis 1934, war er Botschafter in Moskau gewesen.

Der Katharinenhof wurde 1912/13 als Obstgut von den Schwestern Katharina und Eva Veit Simon gegründet, Mitglieder einer großbürgerlichen jüdischen Familie. Das Gut wurde von Katharina bewirtschaftet, ihre Schwester Eva lebte als Malerin mit ihr im Wohnhaus. 1938 zwang man die Schwestern, den Hof zu verkaufen. In den 1950er Jahren wurde er an den Berliner Gärtner Erhard Wolter verpachtet. Im Haus entstanden Wohnungen für das Personal des nahen Krankenhauses. In den 1990er Jahren wurde die Obstproduktion eingestellt und das Anwesen 1995 an die Nachfahren der Veit Simons rückübertragen. Nach langem Leerstand kaufte es der Verein „Treffpunkt Katharinenhof" von der Erbengemeinschaft und begann 2008 mit der denkmalgerechten Sanierung. Im Februar 2015 wurde der Katharinenhof als „Denkmal des Monats" in Brandenburg ausgezeichnet.

Auch Rudolf Nadolnys Sohn Burkhard und seine Frau Isabella – Sten Nadolnys Eltern – waren nicht selten auf dem Katharinenhof zu Gast, so auch im Juli 1942.
Burkhard Nadolny (1905-1968), der einige Jahre als Fluglehrer und Erfinder gearbeitet hatte, war in der Zeit bereits Soldat, wurde aber als älterer Jahrgang nicht sofort eingezogen. 1941 hatte er Isabella Peltzer (1917-2004), eine gebürtige Münchnerin, geheiratet, die seine Sekretärin während seiner Tätigkeit als Referent in einer „Außenhandelsorganisation der Reichsgruppe Industrie" gewesen war.
Dass Sten Nadolny in Zehdenick und nicht in Gransee geboren wurde, lag daran, dass es dort 1942 noch kein Krankenhaus gab, es wurde erst 1952 in Betrieb genommen. Ein Schicksal, dass der spätere Schriftsteller vermutlich mit vielen Granseern teilte. Seit 1994 existiert wiederum das Zehdenicker Krankenhaus nicht mehr, in dem roten Backsteingebäude an der Falkenthaler Chaussee befindet sich heute die Stadtverwaltung.
Ein paar Wochen erholte sich die frischgebackene Mutter noch auf dem Katharinenhof, um dann per Bahn zu ihren Eltern zu fahren, die am Chiemsee in Süddeutschland ein Haus besaßen. Dort wuchs Sten Nadolny auf.
Nach dem Abitur in Traunstein studierte er Geschichte und Politologie in München, Tübingen, Göttingen und Berlin. 1976 promovierte er an der Freien Universität Berlin mit dem Thema „Abrüstungsdiplomatie 1932/33" und begegnete auf diesem Weg, wenn man so will, seinem Großvater Rudolf wieder, der auf der Genfer Abrüstungskonferenz 1932/33 Leiter der deutschen Delegation gewesen war.
Anschließend arbeitete Nadolny als Lehrer – er war Studienrat für Geschichte in Berlin-Spandau – und in der Filmbranche, wo er als Aufnahmeleiter u. a. an den Berliner Filmszenen von „James Bond 007 – Octopussy" beteiligt war. Nachdem jedoch ein Kapitel seines noch nicht fertig geschriebenen Romans „Die Entdeckung der Langsamkeit" 1980 mit dem Ingeborg-Bachmann-

Preis ausgezeichnet worden war, entschied er sich endgültig für die Arbeit als Schriftsteller.

Sein Debüt gab er mit dem Roman „Netzkarte" (1981), weitere bekannte und erfolgreiche Romane sind „Selim oder die Gabe der Rede" (1990), „Er oder ich" (1999) und der „Ullsteinroman" (2003).

Sein größter Erfolg jedoch wurde „Die Entdeckung der Langsamkeit" (1983). Der Protagonist des Buches ist der englische Kapitän und Polarforscher John Franklin, der wegen seiner Langsamkeit immer wieder Schwierigkeiten hat, mit der Schnelllebigkeit seiner Zeit Schritt zu halten, aber aufgrund seiner Beharrlichkeit doch zu einem großen Entdecker wird.

Häufig sind Nadolnys Helden Reisende, die kein Ziel haben und nur um der Reise willen reisen. Sie wollen nicht befördert werden, sondern die Welt „erfahren", neben John Franklin, dem Arktisforscher, zum Beispiel Ole Reuter, der in der „Netzkarte" mit einem Ticket der Bahn quer durchs Land reist. Aber auch der Richter a. D. Wilhelm Weitling im 2012 erschienenen Roman „Weitlings Sommerfrische" unternimmt eine Reise, eine Zeitreise in die 1950er Jahre seiner Jugend. Der Autor hat hier zahlreiche Details der eigenen Biographie verarbeitet.

Sein Schreibtalent hat Nadolny offensichtlich von seinen Eltern geerbt, beide waren in der BRD populäre Schriftsteller, die Mutter mit ihren Frauen- und Familienromanen (u. a. „Ein Baum wächst übers Dach" 1959, „Der schönste Tag" 1980) fast noch mehr als der Vater (u. a. „Konzert für Fledermäuse" 1952, „Der Fall Cauvenburg" 1962). Seine Mutter bezeichnete er einmal als seine „liebste Kollegin".

Seit 1990 ist er Mitglied der Bayerischen Akademie der Schönen Künste. 1985 wurde er mit dem Hans-Fallada-Preis, 2004 mit dem Jakob-Wassermann-Preis und 2010 mit dem Weilheimer Literaturpreis bedacht.

Heute wohnt (und arbeitet) er in Bayern in Chieming am Chiemsee in dem Haus, in dem er aufgewachsen ist, und in Berlin.

Gespräch mit Sten Nadolny anlässlich seines 70. Geburtstages

Können Sie sich an die Umstände Ihrer Geburt erinnern, hat man Ihnen davon erzählt?

Natürlich. Mein Großvater Nadolny hatte in Gransee ein Obstgut gepachtet, den Katharinenhof, und meine hochschwangere Noch-nicht-Mutter war dort auf Besuch. In Zehdenick scheint damals das nächstgelegene funktionierende Krankenhaus gewesen zu sein. Allerdings ging es sehr schnell nach Gransee zurück, wo meine Mutter sich noch ein paar Wochen erholte, um dann mit mir – ich stak in einer großen Tragetasche – per Bahn den Weg zu ihren Eltern anzutreten, die am Chiemsee wohnten.

Waren Sie später wieder einmal in Zehdenick? Vor oder nach dem Mauerfall? Möchten Sie noch einmal dorthin reisen, in die Stadt Ihrer Geburt?

Ich war nach dem Fall der Mauer dort, zu einer Lesung im Kloster, und wurde überaus freundlich empfangen, obwohl ich wegen meines defekten Autos – ich hatte mir einen Trabant gekauft, der nicht mehr alles konnte – eine Stunde zu spät kam. Alle saßen noch da und warteten geduldig. Ich kriegte sogar Blumen! In den letzten Jahren bin ich ausflugsweise dort noch zwei Mal hingefahren und habe mir das Städtchen angesehen. Vor allem aber natürlich Gransee und den Katharinenhof, da war ich öfter.

Spielt Zehdenick bzw. Brandenburg, die Landschaft, die Menschen ... in Ihrem Werk eine Rolle?

Nein, außer dass mein Romanheld in „Er oder Ich" (1999) auch in Brandenburg ist, in Frankfurt an der Oder zum Beispiel, aber das ist ohne große Bedeutung.

Fühlen Sie sich als Brandenburger – immerhin sind Sie mit Havelwasser getauft, auch wenn Sie nur wenige Wochen dort verbrachten?

Nein, die Taufe allein scheint das nicht so festzulegen. Oder ich weiß zu wenig über Wasser. Ich bin aber auch kein zweifelsfreier Bayer geworden, eher so etwas wie ein innerdeutscher Kosmopolit.

Haben Sie außer der Tatsache der Geburt eine Beziehung zu Brandenburg?

Wer je Fontane gelesen hat, hat unbedingt eine – liebevolle und wehmütige – Beziehung zu Brandenburg. Und per Ausflug war ich öfters dort unterwegs, seit 1989.

Juli 2012

2010 sorgte in Zehdenick (und darüber hinaus) das Buch „Deutschboden. Eine teilnehmende Beobachtung" von **Moritz von Uslar** für heftige Kontroversen; zur Lesung im Bowlingcenter kamen über 250 Besucher.
Im Jahr zuvor hatte sich der Berliner Autor und Journalist drei Monate lang in der Stadt – im Buch heißt sie „Oberhavel", mit Spitznamen „Hardrockhausen" – aufgehalten, „im Osten, nordöstliche Richtung, nicht zu weit weg, vielleicht eine Stunde von Berlin entfernt. Dort suche ich mir einen Boxclub, trainiere mit, hänge rum und tue nichts, außer die ganze Zeit nur zuzuhören und zuzugucken, was passiert."
Uslar quartiert sich im „Haus Heimat" ein (20 Euro mit Frühstück); die Menschen, die für ihn wichtig werden, die sich ihm anvertrauen, die mit ihm trinken, findet er allerdings in der „Gaststätte Schröder": Heiko, den Wirt, der ihm erzählt, dass das

Bier in der DDR warm getrunken wurde („Unerhörte Geschichte. Der Reporter staunte."), Blocky, den gelernten Rettungsassistenten, der ein „eisenhartes Brandenburgisch" spricht, und Raoul und seine Mannen von der Band „5 Teeth Less" vor allem.

Die Überheblichkeit des westdeutschen Reporters ist schnell überwunden. Er ist neugierig, er ist tolerant (nur an einer Stelle nicht, als Judenwitze erzählt werden) und er macht alles mit. Wäre er arrogant gewesen, so hätten ihn die Brandenburger nicht akzeptiert, die haben ein feines Gespür dafür. Er macht nie einen Hehl daraus, eine Reportage zu schreiben, er versteckt sich nicht, er manipuliert nicht, er wertet nicht. Er nimmt teil und beobachtet, wie es der Untertitel verspricht.

Gerade die Beschränkung auf bestimmte Milieus und Personengruppen macht das Buch spannend und interessant. Aus dem Blickwinkel der Menschen, denen es nicht so gut geht, weil sie arbeitslos sind, weil sie sich langweilen, weil sie zu viel trinken oder weil sie einfach noch sehr jung sind, erfahren wir mehr über den Zustand der Gesellschaft – für die „Oberhavel" ja nur ein Spiegelbild ist –, als wenn der Autor versucht hätte, allen und allem gerecht zu werden. Zwischen Kunst und Wirklichkeit kann es nie eine hundertprozentige Übereinstimmung geben.

Warum „Deutschboden"? Der Reporter fährt mit den Mitgliedern der Band „5 Teeth Less" nach Kurtschlag, wo sich die Probenräume befinden. Plötzlich am Straßenrand ein gelbes Hinweisschild, das in den Wald hinein zeigt: „Deutschboden 1 km". Die Musiker hupen, heben die Faust und rufen „Deutschboden!". Ein Ritual. „Weil Deutschboden einfach so ein geiler Name ist. Und weil Deutschboden auch so ein geiler Ort ist: drei Häuser mitten im Wald. Wir wissen das nur aus Erzählungen. Von uns ist noch nie jemand in Deutschboden gewesen."

Tage später sucht der Reporter den Ort allein im Auto und findet ihn nicht. Weil es ihn nicht gibt? Trotzdem hebt er die Faust und spricht: „Deutschboden".

Deutschboden existiert, allerdings nicht das gelbe Hinweisschild, stattdessen ein alter steinerner und für die Gegend typischer Wegweiser. Der Ort, vermutlich Ende des 16. Jahrhunderts gegründet, wurde 1745 als Wohnsitz des Heideläufers und späteren Unterförsters Mahnkopf erstmals schriftlich erwähnt („teutscher Boden"). Die heute als Wohnhäuser genutzten ehemaligen Forstgebäude wurden in den Jahren 1892 bis 1899 erbaut.

Im Übrigen erliegt auch Uslar, der die Welt schon gesehen hat, dem Zauber der Havel, da verwandelt er sich fast in einen märkischen Wanderer. „Ich ging zum Fluss runter, weil an Flussufern, das wusste doch jeder, immer mehr möglich war als an anderen Stellen auf der Welt, an denen der Fluss nicht zu sehen war.
Die Havel.
Wer alle Tassen im Schrank hatte, der musste doch abends noch mal zum Fluss hinunter, der musste zur Havel gehen.
The Schwäne.
Boote aus Minden, aus Braunschweig, aus Münster hatten an der Schleuse festgemacht.
Still und schwer und dunkel stand der Fluss da, nein, er floss langsam dahin.
Es havelte. […]
Der Fluss fragte mich noch einmal, ob ich nicht mit ihm aus der Stadt hinaustreiben wollte, in aller Stille, Friedlichkeit. Aber ich durfte nicht mit.
Das sagte ich dem Fluss, damit er mir gewogen blieb. Noch war es nicht so weit. Ich, der Reporter, musste noch ein bisschen bleiben."
Uslar – mit vollem Namen Hans Moritz Walther Freiherr von Uslar-Gleichen – wurde 1970 in Köln geboren. Er besuchte die Internatsschule Birklehof in Hinterzarten (deren Leiterin eine Zeitlang Clara von Arnim war).
Nach einem Volontariat bei der Zeitschrift „Tempo" arbeitete er von 1992 bis 2004 als Redakteur beim Magazin der „Süddeutschen Zeitung". Dort wurde auch seine Interviewserie „100 Fragen an …" veröffentlicht.

2006 erschien sein erster Roman „Waldstein oder Der Tod des Walter Gieseking am 6. Juni 2005".
Von 2006 bis 2008 war er Redakteur beim Magazin „Spiegel". Derzeit ist er für die „Zeit" tätig.
Er schrieb auch Theaterstücke: „Freunde" (2000), „Freunde 2" (2001) und „Abso-fuckin-lutely. The Best of Lulu" (2004).
2012 erhielt er für „Deutschboden" den „Fontane-Preis für Literatur der Fontanestadt Neuruppin".
Ein gleichnamiger Dokumentarfilm von André Schäfer kam 2014 in die Kinos. Darin sucht Moritz von Uslar die Orte und Gesprächspartner seines Buches ein zweites Mal auf, begleitet von einer Kamera.

1861 besuchte **Theodor Fontane** zum ersten Mal Hoppenrade im Löwenberger Land. Alexander Gentz, der Freund aus Neuruppin, der ihn bereits nach Gransee und an den Stechlin begleitet hatte, machte ihn auf das Schloss dort aufmerksam.
Sogleich faszinierte den märkischen Wanderer die Lage des Schlosses, „das Bild", wie er sich gern ausdrückte. „Sein Hauptzauber lag in seiner Unbewohnheit", schrieb er 1873 an seine Schwester Elise in Neuruppin, als er sich mit einer „totalen Neugestaltung" des ersten „Wanderungen"-Bandes („Die Grafschaft Ruppin") beschäftigte und Hoppenrade mit einbeziehen wollte.

Schloss Hoppenrade, eigentlich ein Herrenhaus, wurde auf den Fundamenten einer Wasserburg errichtet, die vermutlich Hans von Bredow in der zweiten Hälfte des 15. Jahrhunderts bauen ließ. 1723 wurde der Vorgängerbau abgetragen und anschließend das Herrenhaus als eingeschossige Dreiflügelanlage erbaut. Anfang des 19. Jahrhunderts stockte man den Mittelflügel auf. Im Südwestflügel wurde die Kapelle untergebracht.

Nun, 1873, war er jedoch skeptisch, ob der Stoff überhaupt „zu brauchen" sei. „Ist jetzt ein beliebiger weiß oder schwarz gestempelter Erdenbürger dort [ins Schloss] eingezogen, so ist sein Charme dahin. Das Interesse könnte sich dann nur *dadurch* wieder beleben, daß über das Leben der Arnstedts und vielleicht auch ihrer Vorbesitzer wirklich historisch-romantisches Lüderlichkeitsmaterial auszugraben wäre, dies scheint mir aber sehr schwierig."

Die Skepsis war unbegründet, während einer erneuten Reise nach Hoppenrade im Frühjahr 1874 konnte er seiner Frau Emilie brieflich vermelden, dass „die Ausbeute, die sich ausschließlich auf Frau v. Arnstedt und die Prinz-Heinrich-Zeit bezieht, glänzend" sei.

Es sollten freilich noch einige Jahre ins Land gehen, ehe er das Material, das besagte Frau von Arnstedt betraf, gesichtet und sich weitere Auskünfte verschafft hatte. Sie, die „Krautentochter", wollte er „zur Heldin" seines Aufsatzes machen.

Luise Charlotte Henriette von Kraut lebte von 1762 bis 1819. Sie war die Erbin des Landes Löwenberg, zu dem Hoppenrade und Löwenberg (bis etwa 1652 auch Liebenberg) gehörten.

Mit sechzehn Jahren heiratete sie zum ersten Mal bzw. wurde sie von ihrer Mutter mit dem englischen Gesandten Hugh Elliot verheiratet.

Als Elliot an den Kopenhagener Hof versetzt wurde, begann sie ein Verhältnis mit dem Baron Knyphausen, der eine Stelle als Kammerherr am Hof in Rheinsberg bekleidete. Elliot, der ihre Korrespondenz entdeckte, forderte Knyphausen zum Duell. Beide blieben unverletzt, und nach vielem Hin und Her – es wäre fast zu einem Kriminalprozess gekommen, auf jeden Fall war man Stadtgespräch in Berlin – heiratete Luise von Kraut 1783 den Baron.

In den folgenden Jahren lebte das Paar abwechselnd in Berlin und in Hoppenrade. Die Ehe währte aber nur kurze Zeit, denn der Baron erkrankte schwer und starb 1789 an „Knochenfraß und Drüsenverhärtung".

1790 lernte die Witwe – wiederum am Hof des Prinzen Heinrich in Rheinsberg – den Rittmeister Friedrich Rudolph Karl von

Arnstedt kennen, mit dem sie im gleichen Jahr ihre dritte Ehe einging.
„Eigentlich war sie jetzt erst an ihrem Platz", schreibt Fontane. „An Elliot war sie durch Befehl, an Knyphausen durch die Verhältnisse gekommen; aber zu beiden hatte sie nicht recht gepaßt. Der Rittmeister hingegen paßte, er war hübsch und heiter, ein enfant gaté der Gesellschaft, ein bon camerade, ganz besonders aber kein Kopfhänger, vielmehr umgekehrt immer geneigt, einen Scherz zu machen und sich über das Morgen nicht zu grämen, solange nur das Heute noch allenfalls erträglich erschien. Das entsprach ihrer eigenen Natur."

Wenn Besuch aus Berlin kam „und wenn es junge Frauen waren und die Jahreszeiten es gestattete, so ging es bei Sonnenuntergang oder auch wohl in aller Morgenfrühe nach ‚Mon Caprice' hinaus." Der Name (franz. meine Laune, mein Eigensinn) existiert noch, heute befinden sich an der Stelle vier oder fünf Grundstücke (Ausbau Moncaprice). Um 1800 herum führte ihn laut Fontane „ein Badetempelchen, ein Pavillon, den Frau von Arnstedt am Ufer eines von Schilf und hohem Werft umstandenen Seetümpels errichtet hatte."

Mit der Zeit war „der Wandel" des Rittmeisters jedoch im Niedergange, aus einem „liebenswürdigen Gesellschafter war ein Spieler und Trinker geworden." Es zeigten sich später noch „weitere Geistesstörungen", so dass die Ehe im Herbst 1809 aufgelöst und von Arnstedt von seiner Familie beim Pfarrer in Hakenberg bei Fehrbellin in Pension gegeben wurde. Er starb dort 1847.
Die „Krautentochter", wieder allein lebend, hatte nun zunehmend mit Geldsorgen zu kämpfen. Die Napoleonischen Kriege (1800-1814) ruinierten das Land. „Es waren durchweg traurige Zeitläufte, Kriegsbeunruhigungen und Truppendurchzüge nahmen kein Ende." So war sie zum Beispiel gezwungen, den Harenzacken-Wald (heute ein Naturschutzgebiet) abholzen zu lassen und „die schönen Stämme zu verschleudern, um einigermaßen die Mittel für ein auch *jetzt* noch auf vornehmem Fuße geführtes Leben herbeizuschaffen."

Als Luise von Arnstedt 1819 starb, sollte das Erbe unter ihren Kindern – von sechs Kindern lebten noch fünf – verteilt werden, aber es gab nicht mehr viel zu verteilen.

„Am 13. September 1819 starb sie während ihres Aufenthalts in Berlin und wurde, wie's einer ‚Krautentochter' zukam, im Krauten-Erbbegräbnis zu Sankt Nikolai beigesetzt. Mutmaßlich als die letzte, die diesen Namen geführt. Sie war ihres Alters siebenundfünfzig Jahre und hinterließ eine beträchtliche Last *persönlicher* Schulden, weil ebendiese Schulden auf ihre Güter, die Fideikommißgüter [d. h. unveräußerlich] waren, nicht eingetragen werden konnten." So beschreibt es Fontane.

Sein Aufsatz wurde im Mai und Juni 1882 – über zwanzig Jahre, nachdem er Hoppenrade „entdeckt" hatte – unter dem Titel „Hoppenrade. Ein Kapitel aus der Prinz-Heinrich-Zeit" in der „Vossischen Zeitung" abgedruckt.

1889 nahm er ihn in den Band „Fünf Schlösser" auf, der nicht mehr unmittelbar zu den „Wanderungen" gehört, sondern als etwas Neues und Selbständiges gedacht war. („Natürlich ist es eine Art Fortsetzung zu den ‚Wanderungen', aber doch etwas anders, und will seinen eignen Weg gehn." Fontane an seinen Sohn Theodor, 9. Mai 1888)

Die Handschrift von „Hoppenrade" ist überliefert, sie befindet sich im märkischen Museum in Berlin.

Dorf und Schloss Hoppenrade gehören heute zur Gemeinde Löwenberger Land.

Das Schloss wurde nach dem Zweiten Weltkrieg als Lazarett und Flüchtlingsunterkunft genutzt.

Zu DDR-Zeiten beherbergte es den Rat der Gemeinde, die Konsumverkaufsstelle, einen Jugendclub, eine Gaststätte und eine Obstannahmestelle.

Seit 1991 vermietete der neue Eigentümer das Schloss an Hochzeitsgesellschaften, außerdem fanden hier Dreharbeiten statt, so 2007 für die Verfilmung von Fontanes Roman „Effi Briest" in

der Regie von Hermine Huntgeburth (in den Kinos 2009, Hauptdrehort war Schloss Marquardt bei Potsdam).
2012 wechselte das Schloss abermals den Eigentümer und wird seitdem ausschließlich privat genutzt.
Was aber nicht heißt, dass auf dem Gelände Ruhe eingekehrt ist. In der Kapelle (seit 1953 im Besitz der Evangelischen Kirche) wird noch getraut, und die Autoren des Buches „Fontanes Fünf Schlösser" (2017), Erik Lorenz und Robert Rauh, die die Geschichte der Häuser bis in die Gegenwart weiter erzählen, suchen aktuell in Oberhavel bei Lesungen und in der lokalen Presse nach Zeugen, die über den Verbleib der „Brücken-Löwen" von Hoppenrade Auskunft geben können.
Die beiden steinernen Tierfiguren thronten einst auf der Brücke vor dem Schloss und schienen Wache zu halten, seit 1965 sind sie verschwunden. Inzwischen ist der eine Löwe, der in einem Garten in Stolzenhagen im Barnim „überlebte", zurückgekehrt, während nach dem anderen noch gefahndet wird.

Einer der spannendsten gegenwärtigen Autoren in bzw. aus Oberhavel ist **Norbert Marohn**. Spannend, weil er etwas zu sagen hat, was auch für andere von Interesse sein könnte, spannend zweitens, weil er dies zu Sagende in sehr unterschiedliche literarische Formen kleidet: den Roman, das Gedicht, das Hörspiel, die Biographie und den Essay, und spannend schließlich liest sich auch sein Lebenslauf, der mit zahlreichen Brüchen überrascht.
Geboren wurde Marohn am 27. Januar 1952 in Neuruppin. Aufgewachsen ist er in Löwenberg, wo seine Eltern einen Bauernhof besaßen. Sie waren den Weg vom Einzelbauern in die LPG gegangen, deren Vorsitzender der Vater später wurde. „Ich stamme von Bauern ab, bin zwischen Rüben und Kartoffeln, Hunden und vor allem Katzen groß geworden", erinnert Marohn. Die Mutter versorgte den Hof und erzog die Kinder, zwei Schwestern und ihn, den Ältesten.

UNTER
GRUND

Die Eltern Bauern
    säen, heuen, mähen, füttern
    Ferkel, Kühe, melken, schlachten
Da zwischen Kinder, Hunde, Katzen. Nacht dann
Zwischen Schweiß und Schweigen, zwischen
Durch Frau und Mann, müdes Paar

Der Mutter blieben
    die Kinder, ganz und gar nebenher
    scheinbar, wie Frühjahr und Winter
Wie die Ve-rand-a zum Hof, zwischen
Durch Regen, ein schönes Geräusch
Ein bettendes Dahinter

Bruch Nummer Eins, Marohn dachte nicht daran, in die Fußstapfen seines autoritären Vaters zu treten. Nach dem Besuch der POS (Polytechnische Oberschule) in Löwenberg, der EOS (Erweiterte Oberschule) in Zehdenick und der ABF (Arbeiter- und Bauern-Fakultät) in Halle/Saale, wo er das Abitur ablegte, studierte er von 1970 bis 1975 am Institut für Internationale Beziehungen in Potsdam-Babelsberg. Anschließend begann er eine Tätigkeit als Referent im DDR-Außenministerium in Berlin, die er im Oktober 1976 auf eigenem Wunsch beendete.
Bruch Nummer Zwei, wenn man so will: Absage an die Funktionärslaufbahn und damit an bestimmte landestypische Strukturen. Auch im privaten Bereich: sein Comingout, sein großes Thema („Plötzlich mein Leben", Erzählung, Mitteldeutscher Verlag 1990). Beruflich zog es ihn zur Kunst. Das Studium der Schauspielregie in Berlin – nach einem 18monatigen „Intermezzo" (Grundwehrdienst) bei der NVA (Nationale Volksarmee) – erwies sich als Sackgasse, er brach es im April 1978 nach einem

Dreivierteljahr ab. Als Sackgasse, nicht als Fehlweg, denn das Studierte konnte er später praktisch anwenden, als er Hörspiele zu schreiben begann und am damaligen Theater der Freundschaft an der Erarbeitung des Stückes „Icke bin doch icke" beteiligt war.

Die Kunst – Literatur? – war noch nicht die „Praxis". Bruch Nummer Drei, Marohn zog nach Leipzig (in eine kleine Altbauwohnung), um ab Mai 1979 als Betriebszeitungsredakteur in einem Wälzlagerwerk zu arbeiten. Hier lernte er – im Gegensatz zur Armeezeit, wo die Extreme herrschten – das normale Leben, den Alltag im Lande kennen. Viele Jahre später, 2011, bildeten die Erfahrungen im Betrieb den Ausgangspunkt für sein Buch „Zum Beispiel Kullerbude. Vom VEB Wälzlagerwerk Leipzig zum Konzern – zum Konkurs – zur GmbH".

Aber war das alles „normal", was er hier, in einem DDR-VEB (Volkseigener Betrieb) erlebte? War das, was er hörte und sah, mit dem vereinbar, was in der Betriebszeitung stand, die er selbst mitgestaltete, mit verantwortete? Immer quälender wurde ihm bewusst, hier konnte er keinesfalls das schreiben (und mitteilen), was er dachte, was ihm wirklich wichtig war.

Der nächste Bruch, Marohn bewarb sich am Literaturinstitut „Johannes R. Becher" in Leipzig, studierte dort von 1982 bis 1985 direkt. Zeit und Gelegenheit, sich auszuprobieren, von literarischen Vorbildern zu lernen, Texte zu diskutieren bzw. zur Diskussion zu stellen, Verbindungen zu knüpfen, sich Klarheit zu verschaffen: Was will ich?

> „Ich kann nur aus Liebe schreiben, ich kann nicht aus Hass schreiben, auch wenn ich jemand verabscheuungswürdig finde. So entstehen Variationen." Aus einem Interview 2014

Am Ende des Studiums – oder erst nach der Assistenz an der Sektion Germanistik der Universität Leipzig, die er im Mai 1986 abbrach? – der Entschluss, der feste Entschluss, sich ausschließlich dem Schreiben, dem literarischen Schreiben zu widmen. Seitdem lebt er – mit Unterbrechungen – freiberuflich als Schriftsteller. 1987 wurde sein erstes Hörspiel produziert und gesendet, 1990 erschien sein erstes Buch, von 1987 bis 1990 leitete er einen Zirkel Schreibender Arbeiter (angebunden ans Kulturhaus der Eisenbahner in Leipzig), und von 1993 bis 1998 war er freier Mitarbeiter beim Mitteldeutschen Rundfunk, der zahlreiche Hörspiele (u. a. „Wisch dir die Tränen ab" 1994) und Funkdokumentationen und -essays (u. a. „Ungebärdige Seelen – die frühen Erzählungen der Anna Seghers" 1998, „Lieder, die die Fronten wechselten" 1999, „,Nicht an einer geradlinigen Vernunft entlang' – Ludwig Renns Dresden" 2009) von ihm brachte.

Eine Unterbrechung, eine lange Unterbrechung bedeutete der Aufenthalt von 1999 bis 2006 in München. Freilich nur, was die Freiberuflichkeit betraf – Marohn musste seinen Lebensunterhalt in ungewohnten Gefilden verdienen, stand hinter der Rezeption in einem Hotel in Bayerns Landeshauptstadt (literarische Ausbeute: „Schöne Nacht noch", Roman 2013). Eigentlicher Grund für den Ortswechsel war die Arbeit an einer „Romanbiografie" über Ernst Röhm, abgeschlossen 2003, erschienen 2011 im Lychatz-Verlag („Röhm. Ein deutsches Leben"). Röhm, der Nazi-Abweichling, war auf Befehl Hitlers in München erschossen worden.

Nach der Zwischenstation Göttingen kehrte Marohn nach Leipzig zurück, wo er heute lebt.

„Wenn ich etwas gelernt habe in jahrelangem Schreiben, mit Pausen zwischendurch, ist es dieses Warten-Können. Dem Text Zeit lassen. Der Erfahrung, auf der er beruht, Zeit lassen, sich zu setzen. Ist der Abstand groß genug, aber nicht zu groß, wird Erfahrung fassbar, wird Gedicht. Prosa. Essay. Je nach Lebenszustand." Aus einem Interview 2014

Immer wieder Brüche (oder soll man von Wandlungen sprechen?), aber nie eine Bruchlandung. Der Beobachter hat das Gefühl, das alles – jede Wandlung, jeder Seitenweg seines Lebenslaufes, jede Sackgasse sogar, auf einen bestimmten Punkt hinausläuft, auf eine bestimmte Situation hinsteuert: Seit 2007 sitzt er an seinem Schreibtisch und schreibt. Schreibt beharrlich, kontinuierlich („Sing ich heiser, mich nun, Brüder seht/Im Versuch noch mal, mich einzuordnen". Aus dem Gedicht „Kommuniqué"), verbiegt, verrät, verkauft sich nicht, ist hellwach, engagiert sich auf seine Art („Die Angst vorm Andern. Essays zum Zeitgeist" 2016). Der Verlag – Lychatz – ist in der Nähe, man kennt den Verleger und versteht sich, die Bücher bekommen eine gediegene Ausstattung inklusive Illustrationen.
Erschienen sind (neben den bereits genannten): „Einfall von Kindheit. Gedichte aus drei Jahrzehnten" 2012; „Wie nie zuvor", Roman 2013; „Hoelz. Biografie einer Zukunft" 2014 (über den eigenwilligen Kommunisten Max Hoelz); „Blauzeit Ich", Roman 2015. Seine Bücher gehen immer von der Biographie aus (vom Menschen oder vom Menschlichen, wenn man so will), von der eigenen, von der fremden, aber nie blieben sie im Persönlichen stecken, erzählt wird immer auch von der Zeit und dem Raum (um das häufig benutzte Wort gesellschaftliche Verhältnisse zu vermeiden), in denen seine Helden, die oft nicht sehr heldisch sind, leben.

„Schon für die erste Generation nach 1989 ist es egal, ob sie vom Mittelalter oder von der DDR hören. Dieser Alltag wie jenes Staatsgepräge liegen fern. Sind ihnen wild-fremd. Aufgabe des überlebenden Chronisten ist, als Zeitgenosse zu erzählen: über mein Land, meine Lebenszeit. Etwas, das nur ich kann." Aus einem Interview 2014

Alles gut, der Autor kann sich zurücklehnen und den Erfolg genießen? Marohn wäre nicht Marohn, wenn es so wäre. Erstens, die Bücher verkaufen sich nicht überragend, es ist keine Unterhaltungs-, keine Pop-, keine gefällige Literatur, der Leser muss bereit sein, sich auf den Autor einzulassen, und wer ist das schon ... Zweitens, auf Erfolg legt er keinen Wert, keinen großen jedenfalls, im Gegensatz zum Verlag, der aber selbst (fast) nichts unternimmt, um das Werk bekannt zu machen und das lieber dem Autor überlässt, der wiederum ... Und drittens, die Ideen, die Themen gehen nicht aus, die Gedanken kann man nicht abschalten, so vieles ist noch nicht erzählt, brennt noch unter den Nägeln. („Etwas sammelt sich, staut sich an, verdichtet sich.") Mit einem Satz: Marohn hat das letzte Wort noch nicht gesprochen (geschrieben) – es bleibt spannend.

So viele Brüche, so viele Wandlungen, so viel Präsenz im Hier und Heute, spielen Löwenberg, das Löwenberger Land da überhaupt noch eine Rolle in seinem Leben? Die Antwort gibt ein Gedicht, geschrieben 2017:

MEER LÄSST MICH KALT
Gebirge vertrag ich nicht
     (erfahr ich später) –
Märkischer Landstrich
     eben, erdig, flach gewellt
Am Rand des Dorfs der Hof
     mein Blick
Der Kinderstube: Wiesen, Feld
Birken am Graben, hinten
Mit dem Fahrrad bis
Zum Waldstück, Linde
Bis zum See:
Dort überall fühlte ich mich
Nah   unausweichlich
  mein Blick
Heim
     Wege wachsen zurück

Der Schriftsteller und Maler **Gotthold Gloger** lebte seit Beginn der 1970er Jahre in Kraatz bei Gransee.
Gloger wurde 1924 in Königsberg in Ostpreußen (heute Kaliningrad) geboren und erhielt bereits als Kind Mal- und Zeichenunterricht. Ab 1941 besuchte er die Kunstgewerbeakademie in Königsberg, gleichzeitig entstanden erste literarische Versuche.
Ab 1942 nahm er als Soldat der Wehrmacht am Zweiten Weltkrieg teil.
Nach dem Kriegsende absolvierte er ein Kunststudium in Frankfurt am Main. 1947 folgte ein Studienaufenthalt bei Emil Nolde in Seebüll, 1947/48 hielt er sich für längere Zeit in Italien und Südfrankreich auf, wo er die Töpferwerkstatt Pablo Picassos in Vallauris besuchte. Wegen seiner Teilnahme an einem Streik der Hafenarbeiter in Marseille wurde er verhaftet und eine Zeitlang in einem Militärgefängnis in Straßburg festgehalten.
1954 übersiedelte er in die DDR. 1955/56 studierte er am Literaturinstitut „Johannes R. Becher" in Leipzig. Anschließend lebte er als freischaffender Maler und Schriftsteller in Meiningen in Thüringen und in Berlin und ab 1972 im brandenburgischen Kraatz – in Kraatz-Ausbau, genauer gesagt, wo er eine alte Scheune zum Wohn- und Arbeitsort ausbaute.

Kraatz, gegründet im 13. Jahrhundert, wurde 1974 mit dem südwestlich gelegenen Nachbardorf Buberow zur Gemeinde Kraatz-Buberow zusammengelegt. Seit 1993 gehört es zum neuen Kreis Oberhavel, 1997 wurde es Ortsteil der Stadt Gransee.

Bekannt wurde Gloger Mitte der 1950er Jahre mit dem Roman „Philomela Kleespieß trug die Fahne".
Das Buch, das in mehrere Sprachen übersetzt wurde, erschien nach der Übersiedlung des Autors 1954 im Ostberliner Aufbau Verlag. Mit der Neuauflage 1961 trug es den Titel „Der gestohlene Berg".

Erzählt wird darin vom Widerstand der bäuerlichen Bevölkerung im Spessart und in Hessen gegen die Landaufteilung durch die amerikanische Besatzungsmacht und gegen eine neue Kriegsgefahr Ende der 1940er Jahre.

In den folgenden Jahren schrieb Gloger vor allem Bücher mit historischen Themen, für die er eine Vorliebe hatte. Vielgelesen waren zum Beispiel „Der Mann mit dem Goldhelm" (1972), ein Roman über den holländischen Maler Rembrandt van Rijn, der „Berliner Guckkasten. Geschichten aus der Welt von [Karl Friedrich] Schinkel" (1980) und das Kinderbuch „Meine Feder für den König" (1985) über den preußischen Schriftsteller und Offizier Ewald Christian von Kleist.

Der Geschichtenband „Das Rübenfest", 1979 im Eulenspiegel Verlag erschienen, wurde mit Holzschnitten des Autors ausgestattet. Die Titelgeschichte „Marlene Lenski", entstanden 1975, spielt in den 1970er Jahren in Zehdenick und Umgebung.

„Bei den drei auffallenden Birken, die weit sichtbar hoch über den märkischen Sandhügeln herausragten, traf ich Marlene, bevor ich sie kennenlernte, zum ersten Mal", so beginnt die Handlung. „Der Ort war nicht weit von dem Haus, in das ich gerade eingezogen, und ich konnte damals bei den Birken nicht ahnen, daß Marlene meine Nachbarin war, eine der drei Töchter des nebenan wohnenden Schmieds, mit dem ich bis dato kaum ein Wort gewechselt hatte."

Erzählt wird aus der Sicht eines Malers – zweifellos Gotthold Gloger selbst – die Geschichte einer jungen Frau aus der Region, von ihrem beruflichen Fortkommen und ihrem privaten Glück.

Am Anfang gilt sie als „Auswärtige", mit der im Kulturhaus in Häsen keiner tanzen will (weil sie in Zehdenick arbeitet) und die man sich auch als Minderbegabte auf einer Sonderschule vorstellen kann (weil sie in Kraatz-Ausbau wohnt und nicht in Kraatz), am Ende der Geschichte ist sie Facharbeiterin und Aktivistin im Isolierwerk und entscheidet selbst, mit wem sie tanzt.

Sehr genau hat der Autor das Leben im damaligen Brandenburg beobachtet und widergegeben: „Gemächlich fließen die Wasser der Havel durch die Stadt [Zehdenick]. Wenn die Schleusentore geschlossen sind, gleiten die Wellen ruhig unter der Zugbrücke durch, am Sportplatz vorbei, um sich hinter den Häusern in die breite Ebene zu ergießen. Hier schlängelt sich die Havel vielarmig durch saftige Wiesen. [...] Da heult eine Sirene auf. Im Isolierwerk ist Schichtwechsel. Es faucht, dampft und zischt aus den Rohren. Die Erregung der Arbeit zittert durch Hallen, Baracken und das Hauptgebäude. Menschen verlassen die Unterkünfte und gehen. Andere kommen. Männer und Frauen mit Mopeds schieben sich durch das Werktor." (Man beachte die Unterschiede zum Zehdenicker Alltag, den Moritz von Uslar in „Deutschboden" ca. 35 Jahre später schildert.)

Ähnlich unspektakulär schließt der Erzähler die Geschichte von Marlene Lenski: „Der Ruhepunkt in der Landschaft vor meinem Haus in der Nachbarschaft der Lenskis ist die Höhe mit den drei Birken. Hier traf ich Marlene zum ersten Mal, und hier endet auch meine Geschichte von ihr. Ich sehe sie auch jetzt wieder mit dem Moped aus Zehdenick kommen. ‚Guten Tag, Marlene', ‚Guten Tag, Herr Gloger', und schon ist sie vorbei …"

Gotthold Gloger schrieb auch die Drehbücher für die Fernsehspiele „Der Tote und sein General", „Treibjagd" und „Campari Bitter" zu Beginn der 1960er Jahre (gemeinsam mit Heinz Kamnitzer und Bodo Uhse).

Seine Bilder zeigte er 1988 in der Klostergalerie in Zehdenick, 1997 im Stadtmuseum in Tilsit (Sovetsk) in Russland und 1999 anlässlich seines 75. Geburtstages in der Kirche in Dannenwalde.

„Der Wechsel zwischen Schreibmaschine und Aquarellkasten ist das charakteristische Kennzeichen der Doppelbegabung von Gloger", schreibt das „Allgemeine Künstlerlexikon".

Seit 1989 wurden in „Glogers Wüstung", einer Sommergalerie in der Scheune im Kraatzer Ausbau, wechselnde Ausstellungen präsentiert.

1954 erhielt er den Heinrich-Mann-Preis der Akademie der Künste (für die „Philomela"), 1961 den Kinderbuchpreis des Ministeriums für Kultur der DDR und 1976 den Alex-Wedding-Preis.
Befreundet war Gotthold Gloger u. a. mit Peter Hacks, der über ihn sagte: „Diesem Manne eignen Kenntnisse. Er ist voller Bildung, und wenn er, um nach einem Gegenstande zu suchen, in die Westentasche seines Geistes greift, fällt immer eine Handvoll Bildung mit heraus." (1972), und mit dem Graphiker Albrecht von Bodecker. („Gloger war ein Lebenskünstler im wahrsten und besten Sinn.")
Eine besondere Freundschaft verband ihn mit Kurt Mühlenhaupt, der seit Anfang der 1990er Jahre in Bergsdorf lebte und sein Nachbar wurde.
2001 starb er in Kraatz.
Eine Webseite – www.gotthold-gloger.de – informiert über sein Leben und Werk. Hier kann man auch eine Auswahl seiner Bilder betrachten, Aquarelle und Gouachen.

Wer schon einmal auf dem Hof von **Kurt Mühlenhaupt** (1921-2006) in Bergsdorf bei Zehdenick gewesen ist, dort in den Büchern des Malerpoeten blätterte, seine Bilder betrachtete, in die Werkstätten und Atelierräume hineinguckte oder einfach nur hinter der Ausstellungsscheune auf der Terrasse in der Sonne saß und ins Weite blickte – Feld, Wiesen, der weite Himmel Brandenburgs – der wird diesen Tag vermutlich immer in Erinnerung behalten. Und vielleicht verstehen, warum sich Kurt Mühlenhaupt entschied, ausgerechnet hier seine „alten", aber nicht minder schöpferischen Tage zu verbringen.
Mühlenhaupt ist eigentlich gebürtiger Brandenburger. Eigentlich, weil der Zufall bzw. eine Eisenbahnfahrt eine Rolle spielten. „Wir schrieben das Jahr 1921 – meine Eltern wohnten in Prag und wollten nach Berlin. Da passierte was Außergewöhnliches: Ich kam in der Eisenbahn zur Welt. Was blieb den Eltern weiter übrig, als mit mir auszusteigen? Das war in Klein Ziescht, Kreis

Jüterbog in der Mark", erinnert er in dem Buch „Ringelblumen. Kindheit im Berliner Milljöh: goldene Jahre und ‚braune Motten'" 1974.

Immerhin ein Jahr lang blieb man in dem kleinen Ort in der Nähe von Baruth, dann ging's weiter in Richtung Hauptstadt, wo die Familie – Mühlenhaupt hatte noch vier ältere Geschwister – in einer Laube in Tempelhof unterkam. Keine leichte Zeit, die Eltern waren arbeitslos, man versorgte sich selbst, baute Obst und Gemüse an, hielt Ziegen und Kaninchen.

Schon früh stellte sich heraus, dass der Junge ein starkes Gefühl für Farben besaß – „Die Empfindungen für Farben schulte ich an den Blüten. Um unseren Garten war eine hohe Rosenhecke, die das ganze Jahr über rosa und rot blühte. Diese Farbe ist mir mein ganzes Leben lang nachgelaufen." – und Talent zum Malen. „Ich verstand das Malen von Menschen und Tieren so gut, daß ich für alle Tiere malen mußte, und es sprach sich rum, daß ich zu nichts anderem kam. Da ich aber alle Tiere nur von Bilderbüchern her kannte, stimmten nie die Verhältnisse untereinander: Die Hühner waren so groß wie die Kühe. Aber damals war ich das erstemal ein Maler, und dabei ging ich noch lange nicht zur Schule."

Nach der Schulausbildung absolvierte er eine Lehre zum Modellbauer. Im Zweiten Weltkrieg wurde er als Fallschirmjäger ausgebildet und zunächst in Narvik (Norwegen) eingesetzt. Beim Absprung über Kreta verwundete eine Kugel sein linkes Handgelenk, das Gelenk blieb für immer steif. Während der Aufenthalte im Krankenhaus malte er weiter. Im letzten Kriegsjahr wurde er wieder eingezogen und überlebte einen Einsatz in Nordafrika nur mit Glück.

Von 1946 bis 1948 studierte er an der Berliner Hochschule der Künste. Anschließend arbeitete er als Tierzüchter, Trödelhändler und Leierkastenmann und malte als Autodidakt. Seine damals bevorzugten Motive waren Porträts von Menschen aus dem Arbeitermilieu.

Enttäuscht von den Entwicklungen in der DDR, siedelte die Familie 1956 von Berlin-Blankenfelde nach Marienfelde über.
1958 erfolgte der Umzug nach Kreuzberg. Im Trödler- und Gaststättengeschäft fand Mühlenhaupt viele Anregungen für neue Bilder, die „typisch aus Kreuzberg" (Wikipedia) waren. Als Milieumaler wurde er oft mit Otto Nagel und Heinrich Zille verglichen. 1960 nahm er erstmals an der Großen Berliner Kunstausstellung teil, was seinen Namen auch über die Grenzen Kreuzbergs hinweg bekannt machte.
1961 gründete er das Künstlerlokal „Leierkasten" in Kreuzberg. In diesem Lokal in der Nähe der Friedhöfe am Halleschen Tor verkehrten neben den Künstlern der 1972 gegründeten Gruppe der Berliner Malerpoeten, einer Gemeinschaft von malenden Schriftstellern wie Günter Grass und Wolfdietrich Schnurre, auch Günter Bruno Fuchs, Robert Wolfgang Schnell und Artur Märchen.
Mit seinem Umzug 1970 in sein neues Atelier am Chamissoplatz konnte er erstmals nur von der Malerei leben. „Stilistisch changieren seine Werke zwischen naiver Malerei und Expressionismus." (Wikipedia) Kurt Mühlenhaupt wirkte auch in zwei Filmen von Ulrich Schamoni mit, in „Quartett im Bett" von 1968 (mit Ingo Insterburg und Karl Dall) und gemeinsam mit seinem Bruder in „Mein Bruder Willi" (1972/73).
Seit den 1970er Jahren unternahmen er und seine Frau Hannelore – die damals noch Frisch hieß, sie heirateten erst in den 1990er Jahren – Ausflüge in die Berliner Umgebung. Besonders gefiel ihnen die Landschaft an der oberen Havel nordöstlich von Oranienburg.
Nach der Wende kauften sie ein altes, um 1750 von der Familie Hertefeld gebautes und nun denkmalgeschütztes Gehöft in Bergsdorf bei Zehdenick und bauten es mit Hilfe vieler Arbeitskräfte als neues Wohndomizil, Atelier, Galerie und Veranstaltungsort aus.

Auf das Grundstück, auf dem zuletzt die LPG „Tag der Befreiung" wirtschaftete, hatte sie der Maler und Schriftsteller Gotthold Gloger aufmerksam gemacht, der seit 1972 in unmittelbarer Nähe in Kraatz bei Gransee lebte.

> „Was hatte Gotthold gesagt? - Ihr müßt euch den Hof unbedingt ansehen. - Das ließ mir keine Ruhe. Ich nervte Hannelore so lange, bis wir nach einer Woche wieder aufbrachen. Bei Glogers angekommen, machten wir uns auf den Weg nach Bergsdorf. Was wir sahen, war nichts weiter als Ruinen. In der Scheune mußten wir aufpassen, daß uns kein Balken auf den Kopf fiel. Der Innenhof glich einem Schrottplatz, in dessen Mitte ein ausrangierter Autobus stand. Drum herum lagen Bleche und Teile von alten landwirtschaftlichen Maschinen, dazwischen standen Säcke voll Kalium und giftiger Chemie. Zur Rechten gab es einen großen Kälberstall. Dahinter schloß sich ein Holzschuppen an, in dem eine Unmenge alter Kisten und Kästen standen. Darin lagen rostige Nägel, Schrauben und Scharniere, ein altes Sensenblatt und viel altes Gerümpel. Was hier zu sehen war, reichte zurück bis ins achtzehnte Jahrhundert. [...]
> ‚Lieber Gotthold', sagte Hannelore, ‚was mutest du uns zu.'"
>
> Aus: „Bolles Reich. Der Hof in Bergsdorf" 2006

Als Schriftsteller veröffentlichte Mühlenhaupt neben den „Ringelblumen" u. a. die Bücher „Berliner Blau" (1981) und „Wunderbare Nachbarschaft. Sagen von Zwergen, lieblichen Hexen, mutigen Leuten" (1986). Beide illustrierte er selbst. Eine Auswahl seiner Bilder und Texte enthält der Band „Kurt Mühlenhaupt. Maler der Menschenliebe", 1986 herausgegeben und mit einer Einführung versehen von Rainer Hildebrandt, dem Gründer und Leiter des Mauermuseums am Checkpoint Charlie in Berlin. Sein Hauptwerk aber ist seine Autobiographie, die er in Bergsdorf, als er wegen einer Erkrankung nicht mehr malen konnte, zu schreiben begann und die entsprechend der Anzahl der Buchstaben seines Nachnamens auf elf Bände angelegt war.

In Band XI („Bolles Reich. Ein Sammelsurium aus seinem Leben ab 1990") berichtet er in kurzen Episoden, wie es zum Kauf des Hofes in Bergsdorf kam („Der Kauf"), wie sie von den Einheimischen angenommen wurden („Wir waren Fremde im Dorf") und wie er mit ihrer Hilfe schließlich den Hof umgestaltete („Auf der Suche nach Arbeitern", „Wir lebten einige Jahre im Zelt"). Erzählt wird aber auch vom Alltag auf dem Hof, von seiner Hochzeit mit Hannelore Frisch „nach siebzehn Jahren wilder Ehe" und von den Krankheiten, die ihn zahlreich ereilten und denen er widerstand.

Bolle, der Titelgeber des Bandes, war übrigens ein Rottweilerrüde, „der Platzhirsch auf dem Hof", auf dem zahlreiche Tiere lebten und leben.

„Hannelore ist der Baumeister auf dem Hof. Sie baut und baut. Hartmut ist ihr Architekt. Ab und zu werde ich auch gefragt oder ich unterhalte mich im Bett mit meiner Frau, wie es am nächsten Tag weitergehen soll. Eigentlich tun wir nichts weiter, als daß wir es wachsen lassen. Zuletzt wurde der Schafstall umgebaut. Wir hatten ja zuvor unsere Hochzeit darin gefeiert, aber jetzt war er richtig fertig. Aus dem Provisorium wurde ein Basar, in dem wir unsere Gäste empfangen können. […] Es wurden immer mehr, die sich zu uns verliefen. Die meisten Besucher kommen aus Berlin. Man kann bei uns Kaffee trinken und Kuchen essen. Den haben in der ersten Zeit unsere Nachbarn gebacken.

Aber das Bewirten ging nicht ohne Hilfe. Ich mußte darauf achten, daß hübsche junge Damen unsere Gäste bedienten. Aber hübsch waren sie alle, darum hatten wir keine Schwierigkeiten."

Aus: „Bolles Reich. Der Alltag" 2006

Unter der Adresse Dorfstraße 1 ist heute auf dem Hof das Kurt-Mühlenhaupt-Museum zu Hause, ein Privatmuseum, das von Hannelore Mühlenhaupt geführt und von einem Verein unterstützt wird und Wechselausstellungen (zweimal im Jahr in der Feldsteinscheune), Lesungen und Konzerte organisiert.

Das Atelier im alten Schafsstall wurde nach Mühlenhaupts Tod unverändert beibehalten. Es sind private Gegenstände des Malers zu sehen, Bilder und Briefe dokumentieren seinen Alltag. Neben dem Atelier befindet sich die Galerie, in der seine Bücher, Pastelle, Aquarelle, Ölbilder und Graphiken ausgestellt und zum Verkauf angeboten werden.

Begraben liegt er auf dem Friedhof der Bethlehems- oder Böhmischen Gemeinde am Halleschen Tor in Berlin-Kreuzberg, in dessen Nähe sich der „Leierkasten" befand. Seinen Grabstein gestaltete er selbst, ein Selbstporträt mit rotem Hut ist darauf zu sehen, in der Hand ein Blatt haltend: „Kurt Mühlenhaupt. Maler der Liebe".

„Sein größtes Talent war seine Fähigkeit glücklich zu sein. Das hatte er von seinen Eltern, die am Rande der Rieselfelder lebten und sehr arm waren. Kurt freute sich über den Sonnenstrahl am Morgen genauso wie über den Regen am Nachmittag, weil der für seine Blumen gut war. Er hatte die Fähigkeit überall Schönes zu erkennen, und dann hat er sich hingesetzt und seine Erlebnisse gemalt, weil er seine Freude und Liebe mit anderen Menschen teilen wollte. Er hatte immer mehr Träume und Visionen, als die schnöde Realität zerstören konnte. Jeden Tag wachte er mit einer neuen Idee auf und war nie unzufrieden mit dem, was er nicht hatte."

Hannelore Mühlenhaupt über Kurt Mühlenhaupt. Aus: Jährlicher Rundbrief 2016/17

Ein zweites Schloss neben Hoppenrade, das **Theodor Fontane** für sein Buch „Fünf Schlösser" auf dem Gebiet des heutigen Landkreises Oberhavel besuchte und beschrieb, war das in Liebenberg.

Schloss Meseberg fand bereits 1862 im ersten Teil der „Wanderungen durch die Mark Brandenburg", der „Grafschaft Ruppin", Erwähnung. „Schloss Oranienburg", ursprünglich ebenfalls darin aufgenommen, bekam später (1880) im dritten Teil, dem „Havelland", seinen endgültigen Platz. (Zu Fontane und Schloss Oranienburg siehe auch Lampe, Roland: „,… kehrte ich bei Hempel ein.' Auf den Spuren bekannter und unbekannter Autoren in Oranienburg.")

Graf Philipp zu Eulenburg (1847-1921), der Sohn des Schlossherrn, bat ihn brieflich am 27. Mai 1880, auch im Namen seiner Eltern, „uns hier in Liebenberg die Freude Ihres Besuches zu schenken." Und er versicherte, dass „diese ‚Wanderung' Sie in einen der hübschesten Orte der Mark führt. Die große Reichhaltigkeit an alten interessanten Familienerinnerungen in Bild und Wort würde Ihnen dazu unzweifelhaft viel Vergnügen machen."

Fontane zögerte nicht lange. „Mit ganz besondrer Freude hat mich Ihre freundliche Einladung nach Liebenberg erfüllt, und ich erscheine hoffentlich nicht zudringlich, wenn ich bitte, meinen Besuch recht bald machen zu dürfen", antwortete er am 29. Mai 1880. Und setzte sich in einen Zug der Nordbahn – aus dem Wanderer war ein Bahnreisender geworden – der ihn in 1¾ Stunden von Berlin nach Löwenberg brachte. Von dort – „Station Löwenberg" – wurde er vermutlich mit einer Kutsche abgeholt.

Am 9. Juni resümierte er bereits seinen ersten 24stündigen Aufenthalt in Liebenberg. Er habe „gleich alle Liebenbergiana" aufzuzeichnen begonnen. „Wirklich zu zeichnen, erst Haus und Innenpark, dann Außenpark, dann Grundriß des alten Hauses, dann den des Anbaus. […] Auch den Erzählungsstoff selbst habe ich gleich geordnet."

Freilich wurde es nichts damit, den Aufsatz, wie Eulenburg gegenüber angekündigt, während des sommerlichen Harzaufenthaltes zu schreiben und sich auf „16 bis 20 Seiten" zu beschränken. Zunächst beschäftigte ihn noch „Hoppenrade", außerdem war es erforderlich, noch mehrere Male nach Liebenberg zu fahren, um weiteres Material zu sammeln. Was ihm nicht schwer fiel, da er dort von der Familie Eulenburg stets sehr freundlich und respektvoll aufgenommen wurde, was nicht überall von adliger Seite geschah.

Im Sommer 1880 war er sogar bei einer Taufe dabei. „Am 1. oder 2. August nach Liebenberg zur Taufe; die schwedischen Schwiegereltern des jungen Grafen sind zugegen, außerdem beide Minister Eulenburg, der alte und der junge. Ich bleibe nur einen Tag. Das Ganze interessant genug, um die gêne [Verlegenheit, Befangenheit] aufzuwiegen."

Ende des Jahres war der „ellenlange Aufsatz" fertig geschrieben. Er gliederte sich in zwei Teile. Der erste Teil erzählt von den Hertefelds, denen die Herrschaft Liebenberg von 1652 bis 1867 gehörte. Hier widmete Fontane Friedrich Leopold von Hertefeld den meisten Raum, der von 1790 bis 1816 der Besitzer von Liebenberg war und Dorf und Schloss – ebenso wie Luise von Arnstedt Hoppenrade – durch schwierige Zeiten zu führen hatte. Er hinterließ ein „Memoire", in dem er „die Plünderung Liebenbergs am 26., 27. und 28. Oktober 1806" durch Soldaten dokumentierte. Fontane konnte auch, als er ihn porträtierte, auf seine Briefe an seinen Sohn Karl von Hertefeld zurückgreifen, der, achtzehnjährig, 1813 am Befreiungskrieg Preußens gegen das napoleonische Frankreich teilnahm. Leopold von Hertefeld hatte sich zuvor an König Friedrich Wilhelm III. mit der Bitte um eine „vorläufige Zurückstellung" gewandt (er wollte seinen Sohn nicht hergeben), die jedoch (vom Minister von Hardenberg) abschlägig beschieden wurde, da „kein Grund vorhanden sei, in dem vorliegenden Fall die militärische Verpflichtung aufzuheben."

Karl von Hertefeld kehrte unversehrt aus dem Krieg zurück und übernahm Liebenberg von 1816 bis 1867.
Nach seinem Tod fiel der Besitz „in Gemäßheit einer vorher festgesetzten Erb- oder Sukzessionsordnung" an die Eulenburgs, an Philipp Graf Eulenburg (geb. 1820), der eine Großnichte Karl von Hertefelds geheiratet hatte. Sein Sohn, der den gleichen Namen trug, war es, der Fontane eingeladen hatte.
Im zweiten Teil seines Aufsatzes beschrieb Fontane, nachdem er die Geschichte „Liebenbergs unter den Eulenburgs von 1867 bis jetzt" erzählt hatte, ausführlich den Zustand der Anlage, wie er ihn (1880) vorfand: „Liebenberg, das Gegenwärtige; sein Schloss und seine Bilder, seine Kunst und Erinnerungsschätze".
Fast machte er eine Art Inventur. Er zählte die Räumlichkeiten auf, von den Kellergewölben, die noch aus den Zeiten der Bredows (1460 bis 1652) übrig waren, über das Treppenhaus und die Korridore bis hin zum Anbau von 1875, einer „einzigen großen Halle", die man zum „gemeinschaftlichen Wohnzimmer" gemacht hatte, anschließend die Bilder – Familienbilder, Tierbilder, „verschiedene Bilder in Farbe, Stich und Gips" –, die Bibliothek mit ihren 12.000 Bänden und „Waffen und Kuriosa".
Am Ende ging es in den (von Peter Joseph Lenné gestalteten) Park hinaus, der sich „durch Umfang und Schönheit auszeichnet". Fontane schwärmte insbesondere von einer „dichten, zehn Fuß hohen Buchsbaumhecke, die, wegen ihrer zwei-armstarken Stämme, die Bewunderung aller Gartenkünstler zu sein pflegt", aber „überhaupt ist der Park reich an alten und eigenartigen Bäumen."
Obwohl der Aufsatz für den Autor „eine der mühevollsten Arbeiten" auf dem Gebiet seiner „Wanderungen" geworden war („Ich hätte es so leicht gehabt, wenn ich den fix und fertigen Stoff einfach genommen und, wie die Journalisten sagen, Kopf und Schwanz drangesetzt hätte. Das ging mir nun aber gegen die Reputation."), konnte er 1890 in einem Brief an Graf Philipp zu

Eulenburg konstatieren, dass „zu meinen schönsten Tagen in Mark Brandenburg die in Liebenberg verbrachten gehören."
„Liebenberg" erschien zuerst Ende 1880 und Anfang 1881 in mehreren Kapiteln in der Sonntagsbeilage der „Vossischen Zeitung", um – wie „Hoppenrade" – schließlich 1889 in den Band „Fünf Schlösser" aufgenommen zu werden.
Nach dem Ende des Zweiten Weltkrieges wurden das Schloss und das gesamte Gut enteignet und von der Sowjetischen Militäradministration der Sozialistischen Einheitspartei Deutschlands (SED) überschrieben. Im Schloss entstanden Wohnungen, Lehrlingsunterkünfte, Büros, Lager, ein Friseursalon, eine Arztpraxis und ein Kindergarten. Das Gut hatte als SED-Parteibetrieb die entsprechenden Organisationen in Berlin zu beliefern.
Das Seehaus (das Fontane noch nicht kennen konnte, es kam erst 1908 hinzu) wurde zur Urlaubsstätte für Parteifunktionäre umfunktioniert und der Liebenberger Forst 1964 zum Staatsjagdgebiet erklärt.
Nachdem sich nach der Wende 1990 „unterschiedliche Pächter hier ausprobierten", erwarb um die Jahrtausendwende die Deutsche Kreditbank (DKB) die Immobilie und entwickelte das Schloss zum Tagungshotel und das Seehaus zum Tagungszentrum. Auf dem Gut entstanden eine Galerie, Museum und Hofladen. 2005 übernahm die DKB-Stiftung das Gut, um es „nach den Grundsätzen des Denkmalschutzes zu pflegen und hier Kunst, Musik, Geschichtsdokumentation, Wissenschaft sowie Ausbildung zu fördern." (www.schloss-liebenberg.de)

Zu Lebzeiten war er äußerst populär und übte großen Einfluss auf seine Zeitgenossen aus, der Lyriker und Dramatiker **Richard Dehmel**. Hermann Hesse schwärmte 1895 als junger Mann in einem Brief von ihm („Ich liebe den Erdeduft der Lieder von Dehmel ..."), Johannes R. Becher bezeichnete ihn 1910 als den „größten lebenden Lyriker" und Gottfried Benn stellte ihn 1949 in eine Reihe mit Theodor Fontane und Heinrich von Kleist, als er von den „drei großen Brandenburgern des neunzehnten Jahrhunderts" sprach.

Dehmel wurde am 18. November 1863 in Hermsdorf bei Märkisch Buchholz (damals noch Wendisch-Buchholz) im heutigen Landkreis Dahme-Spreewald als „Försterssohn" geboren. Sein Vater war zum Zeitpunkt seiner Geburt noch Forstaufseher bzw. Hilfsförster.

In Hermsdorf blieb die Familie nicht lange, Mitte 1864 zog sie nach Kremmen, wo der Vater Stadt- und Revierförster wurde. Hier besuchte Dehmel von 1869 bis 1873 die Stadtschule, er kam gleich in die vierte von sechs Klassen. 1873 brachte die Mutter den Neunjährigen zu einem Onkel nach Berlin, wo er die Ausbildung an einem Gymnasium fortsetzte. Immer wieder, vor allem in den Ferien, zog es ihn ins Elternhaus, dem Forsthaus „Eichenhain" am Ortsausgang von Kremmen, seinerzeit „Cremmen" geschrieben, in Richtung Beetz/Sommerfeld. Sein Abitur legte er nach erzwungenem Schulabbruch – ihm wurde der Besitz Darwinistischer Zeitschriften zum Vorwurf gemacht – 1882 in Danzig ab, anschließend studierte er Nationalökonomie in Berlin.

Dehmel begann als Lyriker. Nachdem er sich in seinem ersten Gedichtband „Erlösungen" 1891 noch ganz den klassischen Vorbildern wie Schiller und den Naturalisten verpflichtet gefühlt hatte, schlug er in „Aber die Liebe" 1893, „Lebensblätter" 1895 und insbesondere „Weib und Welt" 1896 jenen neuen und unverwechselbaren Ton an, der ihn bald zum modernen, aber auch zum Skandalautor machen sollte: den der Lust und Leidenschaft.

In seinen Gedichten feierte er rauschhaft und in der „Begegnung der Geschlechter" das Leben und die Liebe und enttabuisierte die Sexualität. Sie führten zu einer ungewöhnlich starken Polarisierung der öffentlichen Meinung, entweder wurde er angeschwärmt und als Verkünder eines „neuen Menschen" bejubelt oder er wurde verlacht. Man versuchte sogar, ihm wegen „Gotteslästerung" und „Vergehens wider die Sittlichkeit" Ende der 1890er Jahre den Prozess zu machen.

Ein für ihn typisches und vielleicht sein schönstes Gedicht ist „Stromüber": „... Der weite Strom lag stumm und fahl,/am Ufer schoß ein schwankend Licht,/die Weiden standen starr und fahl./Ich aber sah dir ins Gesicht//und fühlte deinen Atem flehn/und deine Augen nach mir schrein/und – eine Andre vor mir stehn ..."
Für Dehmel war die erotische Darstellung aber nicht Selbstzweck, wie ihm häufig vorgeworfen wurde, und der Weg zu ethischer Vollkommenheit und Glück bestand für ihn nicht in einer Vorherrschaft von Geist oder Trieb, sondern in der Akzeptanz ihres ewigen Zwiespalts. Deshalb schrieb er auch „soziale Gedichte", um die „seelische Gesamtentwicklung der Menschheit" voranzubringen, den heute noch bekannten „Arbeitsmann" zum Beispiel oder das „Erntelied" („Es steht ein goldnes Garbenfeld,/das geht bis an den Rand der Welt./Mahle, Mühle, mahle!").
Dehmels Verhältnis zu Kremmen ist zeitlebens ein angespanntes gewesen. Während eines Besuches 1891 scheint es dort einen regelrechten Gesellschaftsskandal gegeben zu haben, „nicht im Tanzsaal, aber im Garderobe-Zimmer, als ich von meiner sinnlichen Verrücktheit übermannt wurde." Er durfte sich nach eigener Aussage „ein halbes Jahr lang nicht in der Stadt blicken lassen, so wurde damals über die Geschichte geklatscht. Meine Eltern waren wütend, ihre Mutter auch. Sämtliche ‚Honoratioren' hielten mich für den verlorenen Sohn par excellence." (Brief Januar 1892 an den befreundeten Dichter Detlev von Liliencron)
Nach dem Studium (1882-1887) wohnte Dehmel in Pankow, das um die Jahrhundertwende noch ein Vorort von Berlin und damit märkisch war, machte Ausflüge nach Rheinsberg („Märchenhaftes Rheinsberg; o die Seen dort oben!" 1894) und bedichtete immer wieder die Landschaft seiner Kindheit, etwa in dem „Lied an meinen Sohn", das er in seinem Elternhaus in Kremmen schrieb: „Der Sturm behorcht mein Vaterhaus/mein Herz klopft in die Nacht hinaus,/laut; so erwacht' ich vom Gebraus/des Forstes schon als Kind." Das Gedicht „Kahnfahrt" ist im Spreewald ent-

standen und die Novelle „Die Rute" hat er „fast wörtlich von der Natur abgeschrieben, sie ist eine Charakteristik meiner Eltern und des Hauses in der Landschaft."

> „Die Abendsonne schien sich heute ordentlich vor Durst zu krümmen. Immer dicker wurde der kupferrote Ball, da hinter den Wasserdünsten des sumpfigen Sees am Horizont. Grade zwischen den zwei dicksten von den alten Pappelstämmen bei der kleinen Straßenbrücke drüben hing das dunkelrote Ungetüm im fernen Grau, dicht unter dem Zittersaum des schwarzgrünen Laubdaches.
> So groß und glanzlos hatte er sie niemals sinken sehen. Nur die breiten drei Brechungskeile, mit denen sie Wasser zog, wie die Leute hier sagten, standen stromhell wie aus Goldtopas geschliffen unter der purpurnen Kugel, zeigend daß sie noch Licht gab. Der Mittelkeil war nur ganz kurz noch; wie ein mächtiger Stralensockel. Vor dem schwellenden Gelb der Seitenschrägen hoben sich die beiden Pappelpfosten tiefschwarz ab mit ihren Borkenrändern. Das Laubdach wurde immer dunkelgrüner.
> ‚Wird morgen wieder schwere Hitze geben', trat der Alte aus der offenen Hausthür zu ihm an den Gartenzaun. ‚Meine ganzen jungen Kiefern werden noch vertrocknen; schlimmes Jahr!' Er zeigte mit der Pfeife in das Astwerk der Akazienkrone über ihnen: ‚Läßt schon Blätter fallen.' Der Tabaksrauch berührte wirbelnd grade eine der verwelkten Blütentrauben.
> ‚Hast du neue Bienenstöcke, Vater?'"
>
> Aus: „Die Rute" 1895

1895 wurde Dehmel freischaffend, nachdem er jahrelang als Sekretär beim Verband der Privaten Deutschen Versicherungsgesellschaften einem Brotberuf nachgegangen war. 1902 zog er nach Hamburg und bekam 1913 in Blankenese ein Haus geschenkt, das heutige Dehmel-Haus. Brandenburg blieb er aber nach wie vor verbunden, noch 1908 schrieb er in einem Brief an Paul Ernst: „Früher oder später gehe ich in meine märkische Heimat zurück", und 1919, im Jahr vor seinem Tod, betonte er dem Hamburger Bürgermeister gegenüber, wie sehr „ich noch immer an meiner märkischen Heimat hänge."

Sein Verhältnis zu Kremmen freilich war nicht besser geworden, in einem Brief 1909 an den Rektor der Schule zum Beispiel echauffierte er sich, nachdem dieser ihn um ein Exemplar seiner „Gesammelten Werke" für ein geplantes Stadtmuseum gebeten hatte: „Sehr geehrter Herr Rektor! So machen's wir Deutschen. Eine wohlhabende Bürgerschaft (denn die Stadt Cremmen ist wohlhabend) lässt durch einen geistigen Arbeiter, den sie so knapp wie möglich besoldet, bei einem andern geistigen Arbeiter, dessen Einkommen sie nicht kennt, für eine Bildungsanstalt betteln. Natürlich will ich nicht Ihnen, Herr Rektor, etwas Beschämendes damit sagen. Von Ihnen ist es mir ein Zeichen liebenswürdigster Menschlichkeit, dass Sie die Leute in meiner Heimatstadt für mein Dichten und Denken empfänglich machen möchten; denn wahrscheinlich sind Sie, der Nichtcremmer, der einzige Mensch in Cremmen, der überhaupt etwas davon weiß, dass ich ‚Gesammelte Werke' herausgegeben habe. Leider aber ist mir das kein Anreiz, mich meinen Landsleuten an den Hals zu werfen. Ich möchte Ihnen fast empfehlen, statt meiner Werke lieber diesen Brief in das geplante Stadtmuseum zu legen. Mit aufrichtigem Gruß, R. Dehmel."

Kurioser Höhepunkt des Verhältnisses zwischen Dichter und Stadt ist ein sarkastisch gefasster Brief von 1915, in dem er als Kriegsteilnehmer aus dem Feld den Empfang einer Sendung mit eine Zigarre und einer Kerze bestätigt: „Der wohllöblichen Bürgerschaft der wohlhabenden Stadt Cremmen danke ich aufrichtig im Namen der Mannschaften meines Zuges für die staunenswerte Liebesgabe. So hat jeder Mann (im ganzen 76) den 0,316ten Teil einer Zigarre und den 0,0263sten Teil einer Zehnpfennigkerze erhalten. In geziemender Achtung, Dehmel."

Diese lebenslange Distanz seinem „Heimatnest" gegenüber – bei aller „unbändigen Sehnsucht in unsrer alten Kleinstadtkirche wieder einmal die Orgel spielen zu hören und die Kerzen brennen zu sehen" – hat wohl auch damit zu tun, dass die „Cremmer Pfahlbürger" seinen Vater, „der ein pflichteifriger Beamter und tüchtiger Forstmann von seltenster Leistungskraft war", nach Ansicht des Sohnes „während seiner ganzen Amtszeit so niederträchtig kujoniert" und „durch chikanöse Prozesse, obgleich er schließlich alle gewann, richtig totgeärgert" haben, dass er „um Jahre zu früh gestorben ist." Unterlagen darüber sind heutzutage nicht mehr vorhanden.

Zweimal war Richard Dehmel verheiratet, ab 1889 mit Paula Oppenheimer, mit der er drei Kinder hatte, und danach (seit 1901) mit Ida Auerbach, die eine bekannte Kinderbuch-Autorin wurde. 1913 bestieg er im fünfzigsten Lebensjahr den Mont Blanc, den höchsten Gipfel Europas.

Neben Gedichten – sie wurden vertont von Richard Strauss, Arnold Schönberg und Kurt Weill – schrieb Dehmel auch Dramatik („Michel Michael" 1911) und Prosa („Zwei Menschen" 1903). Er gab die Briefe Detlev von Liliencrons heraus, initiierte den begehrten Kleist-Preis und war Mitherausgeber der Kunstzeitschrift „Pan". Ein Höhepunkt für ihn stellte sicherlich das Erscheinen einer zehnbändigen Gesamtausgabe 1906 bis 1909 im renommierten S. Fischer Verlag dar.

Ein heikles Thema ist zweifelsohne seine durchgehende Kriegsbegeisterung. Er empfand den Ausbruch des Ersten Weltkrieges als reinigendes Gewitter und als Chance zu einer ethischen und kulturellen Neubesinnung, meldete sich – mit 52! – als Freiwilliger („selbstverständlichste Ehrenpflicht"), veröffentlichte Kriegsgedichte und patriotische Aufrufe (noch 1918: „Einzige Rettung") und hielt seine Erfahrungen an der Front in einem Kriegstagebuch fest.

1920 starb er an den Folgen einer Venenentzündung, die er sich im Schützengraben zugezogen hatte.

In seinem Geburtsort Hermsdorf, heute zu Münchehofe, wurde vor dem Grundstück, auf dem sein Geburtshaus bis 1923 stand, anlässlich seines 135. Geburtstages 1998 eine Art Denkmal, ein Stein mit Inschrift, von engagierten Einwohnern errichtet. Gegenüber befinden sich Bank und Tisch, wo Radfahrer und Wanderer eine Rast einlegen und seine Gedichte, sofern sie sie zufällig dabei haben, lesen können, „Radlers Seligkeit" zum Beispiel, ein Brettl-Lied, das durchaus das Zeug hat, zur „Märkischen Radfahrerhymne" erklärt zu werden: „Wie herrlich lang war die Chaussee!/Gleich kommt das achte Feld von Klee./Ich radle, radle, radle."

Quellen und weiterführende Literatur (Auswahl)

Fabian, Franz (Hrsg.): Schriftsteller des Bezirks Potsdam, 1987

Märkische Dichterlandschaft. Ein illustrierter Literaturführer durch die Mark Brandenburg. Hrsg. von Peter Walther. Deutsche Verlags-Anstalt Stuttgart 1998

Kastinger Riley, Helene M.: Ludwig Achim von Arnims Jugend- und Reisejahre. Ein Beitrag zur Biographie mit unbekannten Briefzeugnissen. Bouvier, Bonn 1978

Kastinger Riley, Helene M.: Achim von Arnim. In Selbstzeugnissen und Bilddokumenten. Rowohlt, Reinbek bei Hamburg 1994 (Rowohlts Monographien)

Baumgart, Hildegard: Bettine Brentano und Achim von Arnim. Lehrjahre einer Liebe. Insel Verlag, Berlin 2016

Schickele, René: Das gelbe Haus. Erzählungen. Buchverlag Der Morgen 1977. Nachwort von Ruth Greuner

Rassow, Gisela: „Weil ich meine Erfahrungen nicht begraben konnte". Margarete Buber-Neumann. Walthers Buchladen Berlin 2004

Nickisch, Reinhard M.: Armin T. Wegner. Ein Dichter gegen die Macht. Peter Hammer Verlag Wuppertal 1982

Fontane, Theodor: Wanderungen durch die Mark Brandenburg. Hrsg. von Gotthard Erler und Rudolf Mingau. Aufbau Taschenbuch Verlag 1994

Gutschke, Irmtraud: Eva Strittmatter. Leib und Leben. Das Neue Berlin, Berlin 2008

Leo, Annette: Erwin Strittmatter. Die Biographie. Aufbau Verlag, Berlin 2012

Santarius, Tilman: Die Geschichte des Katharinenhofes der Stadt Gransee, 2013

Dehmel, Richard: Ausgewählte Briefe aus den Jahren 1883 bis 1902 und 1902 bis 1920, S. Fischer Berlin 1922/23

Nachbemerkung

Oberhavel, eine Region, in der erstaunlich viele Autoren ihre Spuren hinterlassen haben. Dabei habe ich noch nicht einmal alle Namen aufgeführt, was in erster Linie daran liegt, dass die Quellen unsicher oder sehr spärlich sind.
Heinrich Steinhausen (1836-1917), ein neuromantischer und zu Lebzeiten vielgelesener Schriftsteller („Irmela. Eine Geschichte aus alter Zeit" 1881, „Heinrich Zwiesels Ängste" 1899), soll ab 1883 in Beetz, heute Ortsteil von Kremmen, Pfarrer gewesen sein.
Henriette Frölich wurde 1768 in Zehdenick als Dorothea Rauthe geboren, wuchs vermutlich in Berlin auf und heiratete 1789 den Schriftsteller und Reformer Carl Wilhelm Frölich. Lediglich der Roman „Virginia oder Die Kolonie von Kentucky" (1819) ist überliefert, alle anderen literarischen Arbeiten sind bei der Plünderung ihres Gutes bei Luckenwalde 1806 durch französische Truppen verloren gegangen.
Ulrich Plenzdorf (1934-2007), dessen „Die neuen Leiden des jungen W." (1972) sowohl als Buch als auch als Theaterstück ein großer Erfolg war, besuchte nachweislich die Internatsschule Himmelpfort bei Fürstenberg, einer Abspaltung der Schulfarm Insel Scharfenberg in Berlin-Tegel.
Das sind nur drei Beispiele. Dankbar bin ich für jeden Hinweis, der den Oberhavel-Bezug dieser Schriftsteller präzisiert oder erweitert, aber natürlich auch für Ergänzungen und Korrekturen hinsichtlich derjenigen, die bereits ihren Platz in diesem Manuskript gefunden haben.
Und vielleicht habe ich sogar den einen oder anderen Autor übersehen oder kenne ihn noch nicht oder er tritt erst in den nächsten Jahren in Erscheinung.

Was mir bei allen biographischen Details wichtig ist: dass ihre Texte, ihre Bücher gelesen werden. Literatur ist nur lebendig in den Händen der Leser.

Roland Lampe, 2017

Verzeichnis der Autoren

Arnim, Achim von (1781-1831), verbrachte seine Kindheit auf dem Gut seiner Großmutter in Zernikow *8-13*
Arnim, Clara von (1909-2009), lebte von 1930 bis 1945 in Zernikow *13-15*
Berner, Erwin (geb. 1953), Sohn von Eva u. Erwin Strittmatter, wuchs zwischen 1967 und 1971 in Schulzenhof auf *62/63*
Buber-Neumann, Margarete (1901-1989), war von 1940 bis 1945 im KZ Ravensbrück interniert *22-24*
Busch, Eva (1909-2001), Sängerin u. Kabarettistin, ab 1941 dreieinhalb Jahre Häftling im KZ Ravensbrück *24-27*
Dehmel, Richard (1863-1920), wuchs, bis er neun Jahre alt war, in Kremmen auf *101-107*
Fontane, Theodor (1819-1898), unternahm „Wanderungen durch die Mark Brandenburg" nach Gransee und zum Stechlinsee (1873) *44-50* und sammelte Material für sein Buch „Fünf Schlösser" in Hoppenrade (1861 u. 1874) *79-83* und in Liebenberg (1880) *98-101*
Gloger, Gotthold (1924-2001), lebte seit 1972 in Kraatz bei Gransee *89-92*
Krause, Hanns (1916-1994), wohnte seit 1953 mit seiner Frau, der Schriftstellerin Lori Ludwig, in Neuglobsow *40-44*
Landau, Lola (1892-1990), lebte gemeinsam mit ihrem Mann, dem Schriftsteller Armin T. Wegner, von 1920 bis 1925 in Neuglobsow *30-39*
Ludwig, Lori (1924-1986), wohnte seit 1953 mit ihrem Mann, dem Kinderbuchautor Hanns Krause, in Neuglobsow *40-44*
Lundholm, Anja (1918-2007), 1944/45 Häftling im KZ Ravensbrück *27-29*
Marohn, Norbert (geb. 1952), wuchs in Löwenberg auf *83-88*

Mühlenhaupt, Kurt (1921-2006), Malerpoet, kaufte u. sanierte Anfang der 1990er Jahre einen Hof in Bergsdorf bei Zehdenick, starb hier auch *92-97*
Nadolny, Sten, 1942 in Zehdenick geboren, sein Großvater Rudolf Nadolny besaß das Gut Katharinenhof in Gransee *72-76*
Reitzenstein, Hans Joachim Freiherr von (1881-1935), verstarb in Fürstenberg *29*
Schickele, René (1883-1940), lebte 1913/14 in Fürstenberg *16-21*
Strittmatter, Erwin (1912-1994), erwarb 1954 ein Haus in Schulzenhof bei Dollgow, lebte hier bis zu seinem Tod *50-61*
Strittmatter, Eva (1930-2011), lebte seit ihrer Heirat mit Erwin Strittmatter 1956 in Schulzenhof *50-61*
Ungern-Sternberg, Alexander von (1806-1868), verbrachte seine letzten Lebensjahre in Gramzow und verstarb in Dannenwalde *69-72*
Uslar, Moritz von (geb. 1970), veröffentlichte 2010 den Roman „Deutschboden", der in Zehdenick spielt *76-79*
Wegner, Armin T. (1886-1978), lebte gemeinsam mit seiner Frau Lola Landau und ihren drei Kindern von 1920 bis 1925 in Neuglobsow *30-39*
Wellm, Alfred (1927-2001), wohnte von 1963 bis 1973 in Großmenow bei Fürstenberg *63-69*

Roland Lampe wurde 1959 in Berlin-Weißensee geboren. Aufgewachsen ist er in Hohen Neuendorf; in Oranienburg besuchte er von 1974 bis 1978 die Erweiterte Oberschule „F. F. Runge" und legte dort das Abitur ab. Heute lebt er in Berlin-Wedding.
Regelmäßig sucht er seine „alte Heimat" auf, um über ihre Schriftsteller zu schreiben, u. a. für den „Oranienburger Generalanzeiger", die „Märkische Allgemeine" und die „Brandenburger Blätter" (Beilage der „Märkischen Oderzeitung").
Als Schriftsteller veröffentlichte er zuletzt den Roman „Seitenflügel" (2012) und die Gedichte „Gelegentliche Einfälle von Licht" (2014).
Siehe auch www.rolandlampe.de.

www.ingramcontent.com/pod-product-compliance
Lightning Source LLC
Chambersburg PA
CBHW050111230526
45470CB00004B/1781